COLLECTION MICHEL LÉVY
— 1 franc le volume —
Par la poste, 1 fr. 25 cent. — Relié à l'anglaise, 1 fr. 50 cent.

FRÉDÉRIC SOULIÉ
— ŒUVRES COMPLÈTES —

CONTES ET RÉCITS

DE

MA GRAND'MÈRE

PARIS

MICHEL LÉVY FRÈRES, LIBRAIRES ÉDITEURS
RUE VIVIENNE, 2 BIS, ET BOULEVARD DES ITALIENS, 15
A LA LIBRAIRIE NOUVELLE

COLLECTION MICHEL LÉVY

ŒUVRES COMPLÈTES

DE

FRÉDÉRIC SOULIÉ

ŒUVRES COMPLÈTES
DE
FRÉDÉRIC SOULIÉ

PUBLIÉES DANS LA COLLECTION MICHEL LÉVY

AU JOUR LE JOUR...	1 vol.
LES AVENTURES DE SATURNIN FICHET................	2 —
LE BANANIER. — EULALIE PONTOIS..................	1 —
LE CHATEAU DES PYRÉNÉES............................	2 —
LE COMTE DE FOIX.....................................	1 —
LE COMTE DE TOULOUSE................................	1 —
LA COMTESSE DE MONRION.............................	1 —
CONFESSION GÉNÉRALE.................................	2 —
LE CONSEILLER D'ÉTAT................................	1 —
CONTES ET RÉCITS DE MA GRAND'MÈRE..............	1 —
CONTES POUR LES ENFANTS............................	1 —
LES DEUX CADAVRES...................................	1 —
DIANE ET LOUISE.......................................	1 —
LES DRAMES INCONNUS.................................	4 —
LA MAISON N° 3 DE LA RUE DE PROVENCE...........	1 —
AVENTURES D'UN CADET DE FAMILLE.................	1 —
LES AMOURS DE VICTOR BONSENNE...................	1 —
OLIVIER DUHAMEL......................................	1 —
UN ÉTÉ A MEUDON.....................................	1 —
LES FORGERONS..	1 —
HUIT JOURS AU CHATEAU...............................	1 —
LA LIONNE..	1 —
LE MAGNÉTISEUR.......................................	1 —
UN MALHEUR COMPLET.................................	1 —
LE MAITRE D'ÉCOLE....................................	1 —
MARGUERITE..	1 —
LES MÉMOIRES DU DIABLE.............................	3 —
LE PORT DE CRÉTEIL...................................	1 —
LES PRÉTENDUS..	1 —
LES QUATRE ÉPOQUES..................................	1 —
LES QUATRE NAPOLITAINES............................	2 —
LES QUATRE SOEURS...................................	1 —
UN RÊVE D'AMOUR. — LA CHAUMIÈRE................	1 —
SATHANIEL...	1 —
SI JEUNESSE SAVAIT, SI VIEILLESSE POUVAIT........	2 —
LE VICOMTE DE BÉZIERS..............................	1 —

IMPRIMERIE L. TOINON ET Ce, A SAINT-GERMAIN.

CONTES ET RÉCITS

DE

MA GRAND'MÈRE

PAR

FRÉDÉRIC SOULIÉ

PARIS
MICHEL LÉVY FRÈRES, LIBRAIRES ÉDITEURS
RUE VIVIENNE, 2 BIS, ET BOULEVARD DES ITALIENS, 15
A LA LIBRAIRIE NOUVELLE
—
1866

CONTES ET RÉCITS
DE MA GRAND'MÈRE

LE TOUR DE FRANCE

I

Le 1ᵉʳ mai 1831, à sept heures du soir, une pauvre famille de pauvres gens était rassemblée dans une salle basse qui était l'arrière-boutique d'un serrurier et lui servait aussi de salon, de salle à manger et de chambre à coucher. Quatre personnes étaient assises autour d'une table, sur laquelle était posé un calel, la lampe du pauvre dans le Languedoc, une sorte de coquille à trois becs avec une grande tringle de fer qui se dresse debout à l'un des côtés et qui, grâce à la courbure qui la termine, sert à la suspendre soit à une ficelle attachée au plafond par un clou, soit à la barre de fer qui règne d'ordinaire le long du manteau de la cheminée. Ces quatre personnes étaient silencieuses, et l'une d'elles, la plus âgée, interrompait de temps à autre la reprise qu'elle faisait à un pantalon de gros drap, pour essuyer, avec le coin de son mouchoir à carreaux qu'elle tirait à moitié de sa poche, une larme qu'elle n'arrêtait pas toujours assez tôt pour l'empêcher de tomber sur ses mains. Deux jeunes filles, dont l'une pouvait bien avoir dix-sept ans, l'autre douze, travaillaient à côté de leur mère. La plus jeune tricotait et achevait une paire de bas d'une sorte de laine jaune qu'on appelle étame dans l'Albigeois, car c'est à Albi que notre scène se passe. Une paire de bas d'étame pour un ouvrier, c'est un grand luxe, car l'étame est une espèce de poil doux, luisant, chaud et moelleux comme le cachemire. L'aînée ourlait des mouchoirs de poche en cotonnade bleue, et de temps à autre quittait son ouvrage pour surveiller un pot où bouillait un morceau de mouton, deux cuisses d'oie conservées dans de la graisse, un peu de lard et des choux. A deux pas de la table, sur une huche à serrer le pain, sorte de grand coffre qui s'ouvre par un couvercle comme une malle ; sur cette huche était une longue corbeille, comme celle dont les pâtissiers se servent pour transporter leurs gâteaux. Cette corbeille était intérieurement recouverte d'une serviette de toile blanche, et sur la toile était répandue une épaisse bouillie qui était devenue ferme en refroidissant ; à côté était une assiette avec une petite provision de saindoux et une soucoupe avec une demi-livre de cassonade brune. Tout à fait au coin de la huche, la pâle lueur du calel faisait reluire le goulot de deux bouteilles de vin. Il y avait une fête assurément dans la maison. L'ordinaire d'un pauvre serrurier d'Albi ne se composait pas habituellement d'un si magnifique repas ; les cuisses d'oie, le lard, le mouton étaient du superflu. Le millas (1), c'est le

(1) Qu'on nous permette, à propos de cette nourriture du peuple du Languedoc, de raconter une anecdote dont nous

nom de la bouillie faite d'eau et de farine de maïs, était bien un mets de tous les jours ; mais on ne le faisait pas souvent frire dans le saindoux, et ce n'était qu'à son mariage et au baptême de ses enfants que le père Kairuel avait osé le sauproudrer d'un peu

pouvons garantir l'authenticité. Lorsque M. le comte de Provence, trente ans après Louis XVIII, parcourait le Languedoc, il demanda à goûter ce millas dont il avait tant entendu parler comme étant l'aliment du peuple. La personne chez laquelle il logeait en fit préparer sur-le-champ ; mais, au lieu de délayer la grosse farine avec un peu d'eau et de sel, comme les paysans, on la fit bluter pour en extraire la fleur, c'est-à-dire la partie la plus fine ; on la mêla avec du lait, on la fit cuire ainsi. Puis, lorsqu'elle fut refroidie et ferme, on la coupa par petites tranches, on la fit frire, on la présenta au prince, toute saupoudrée de sucre. Le comte de Provence, ravi de ce mets qui, ainsi préparé, est excellent, ne put s'empêcher de dire : « Mais les gens de ce pays-ci sont fort heureux. » Cette petite histoire n'est-elle pas une leçon vivante de la manière dont les grands apprennent la vérité sur le sort du peuple ? la vérité leur arrive toujours comme le millas du pauvre, déguisée, parée, toute faite de lait et de sucre. Le comte de Provence eut-il tort de dire que cet aliment était excellent et le pauvre bien heureux de l'avoir ? Celui qui eut tort ce fut la personne qui le lui servit ainsi. Vous voyez, enfants, jusqu'où va, près des grands, la flatterie et le mensonge ; ils envahissent jusqu'à la cuisine.

de cassonade. Ce soir-là aussi le pain blanc avait remplacé tougno, le pain insipide, lourd et sans levain, auprès duquel le pain de munition est délicat. Sans doute il y avait fête, mais alors pourquoi la tristesse silencieuse et profonde de la mère Marguerite, la femme de Kairuel, et l'attention inquiète et sérieuse de ses deux filles Mariette et Rosine ? Que faisait là aussi ce jeune garçon de treize à quatorze ans, le coude appuyé sur la table, les yeux en l'air, étincelants, inquiets et paraissant pour ainsi dire regarder au delà des murs de la salle basse, au delà du moment où ils se trouvaient, comme quelqu'un qui voit en imagination l'endroit où il sera le lendemain et ce qu'il y fera. Vous allez l'apprendre, car voici le père Kairuel qui entre ; tous les regards se portent sur lui, il entre, il pose son chapeau sur une chaise, et dit d'un ton d'humeur et de tristesse :

— Allons, vous autres, ça ne sera pas encore pour demain.

— Quoi ! s'écria Antoine, en se levant et d'un

ton chagrin, quoi! mon père, je ne partirai pas demain?

— Non, mon garçon, dit le père Kairuel, il faut encore attendre.

— Béni soit Dieu ! dit Marguerite en embrassant son fils, c'est un bonheur que je n'espérais plus. Pécaïré (1); il n'a pas encore quatorze ans ce pauvre Antoine, et lui faire déjà commencer son tour de France, ça me faisait frémir.

La bonne Marguerite était toute joie, mais Kairuel était demeuré soucieux. Marguerite avait toute l'imprévoyance d'un cœur de mère : elle avait dû se séparer de son fils et elle le gardait ; c'était assez pour

---

(1) Pécaïré, mot gascon délicieux qui ne peut se traduire à ce moment que par celui-ci : Pauvre enfant ! et qui s'applique à toutes choses, à la vieillesse, à l'infirmité, toujours avec un sentiment de douce pitié, et en se modifiant selon l'objet ou la personne à laquelle on l'applique. Pécaïré se dit d'un petit oiseau qui souffre, d'un vieillard qui pleure, d'un enfant qui meurt, d'un père qui voit mourir son enfant, d'un agneau qu'on mène au boucher. La langue française devrait prendre ce mot.

être heureuse, elle ne pensait pas à autre chose. Le père Kairuel au contraire regrettait de voir retarder l'exécution d'une chose qui lui avait couté, à lui, tant de peine, à sa femme tant de larmes ; un mois ou une semaine plus tard, il fallait qu'Antoine partît, et ce serait encore de nouveaux combats et de nouveaux chagrins ; c'était une douleur à recommencer: il le sentait, mais il n'osait rien dire, pour ne pas troubler la joie confiante de sa femme. Ce fut Antoine qui, le premier, rompit le silence ; sa jeunesse lui donnait envie de courir le monde à ses risques et périls, mais son amour et son respect pour sa mère l'empêchaient de témoigner la vive contrariété qu'il éprouvait en voyant retarder son départ.

— Pourquoi donc, mon père, ne puis-je pas partir ? dit-il simplement.

— Parce que M. Dutan m'a manqué de parole ; il devait me remettre ce soir soixante francs d'un travail que j'ai fait pour lui : ces soixante francs, avec un louis d'or que ta mère garde depuis deux ans, sont la seule avance que je possède, et c'est tout ce que je devais te donner pour ton tour de France; tu vois bien qu'il n'y a pas moyen de partir.

— Mon père, dit Antoine, un louis, c'est plus qu'il ne m'en faut pour aller à Toulouse, là je trouverai de l'ouvrage et je ferai des économies pour continuer ma route.

— Tu es donc bien pressé, dit Marguerite avec un si doux accent de reproche, qu'Antoine se repentit presque de ce qu'il venait de dire.

— Non, ma mère, répondit-il, mais puisque c'était décidé.

— Il a raison, dit le serrurier, puisque c'était décidé, il valait mieux que ça ce fît tout de suite : mais le bon Dieu ne l'a pas voulu, il n'y a rien à dire.

— Et qu'allons-nous faire du souper? dit Marguerite, dont les idées d'économie ne comprenaient pas que, puisque le voyage manquait, le souper dût avoir lieu.

— Il faut le tenir prêt, dit le père Kairuel; ne sais-tu pas que M. le curé de Sainte-Cécile nous fait la faveur de venir souper ce soir avec nous pour bénir notre garçon ? car il aime Antoine de cœur : c'est lui qui lui a appris à lire, à écrire et à compter; il ne faut pas moins fêter ce digne homme. Allons, laissez là votre ouvrage, ce n'est plus si pressé.

On obéit, on se mit en devoir de préparer la table ; on la couvrit d'une nappe de toile grise ; on essuya les deux bancs qui étaient de chaque côté, et Rosine alla chercher dans un coin quelques sarments pour faire un feu clair et brillant pour la friture. Les assiettes de faïence, les cuillers et les fourchettes d'étain, tout fut bientôt disposé ; on posa un verre et un couteau devant le plat du curé. Chacun des autres membres de la famille, avec son gobelet d'étain, portait son couteau dans sa poche. Bientôt un coup frappé à la porte annonça l'arrivée du curé. Mariette prit le calel, alla ouvrir à M. Dabin, et revint avec lui dans la chambre; il regarda autour de lui les apprêts extraordinaires qu'on avait faits pour ce grand jour.

— Ce n'est pas pour moi, je pense, Marguerite, que vous avez fait tout cela.

— Il faut vous l'avouer, monsieur le Curé, il y a eu un peu pour ce pauvre Antoine ; ce devait être aujourd'hui le dernier souper qu'il faisait à la maison. Il y a assez de privations qui l'attendent ; il mangera plus d'une fois du pain tout sec et boira assez souvent de l'eau, pour qu'il soit juste de le régaler un peu ; mais, grâce au Ciel, ce n'est pas encore pour demain, et ça servira à fêter son séjour et l'honneur de votre visite, monsieur le Curé.

— Comment ! dit M. Dabin, Antoine ne part pas ? auriez-vous changé de résolution, Kairuel ?

Le serrurier expliqua au curé ce qui s'opposait au départ d'Antoine ; le curé répondit aussitôt :

— Si c'est cela qui vous embarrasse, n'en prenez point de souci, demain matin passez chez moi en vous mettant en route, je vous avancerai ces soixante francs.

— Ah ! merci bien ! s'écria vivement Antoine.

— Je crains de vous être à charge, dit timidement le père Kairuel ; vous êtes si bon, vous dépouiller pour le pauvre ! Ce n'est pas que je ne veuille vous rendre cet argent, parce que M. Dutan est une bonne paie, quoiqu'il m'ait fait attendre.

— Que cela ne vous embarrasse pas, dit le curé, j'attendrai tant qu'il plaira à M. Dutan.

— Oh ! vous me rendez là un vrai service, dit Kairuel ; je vous remercie, monsieur le Curé, je vous remercie. Allons, vous autres, dit-il à ses filles qui entraient dans la salle basse, dépêchez-vous, M. le curé nous prête les soixante francs dont nous avons besoin.

— Eh bien ! femme, tu ne remercies pas M. Dabin ?

— Monsieur le curé..... Monsieur le curé est..... bien bon, dit Marguerite d'une voix étouffée ; puis elle se détourna pour essuyer les grosses larmes qui lui venaient aux yeux ; elle sentait bien que le curé et son mari avaient raison, mais elle n'avait pas le courage d'être reconnaissante : la pauvre mère ne voyait que le départ de son fils.

Le père Kairuel se mêla de la cuisine, et M. Dabin, qui avait vu l'émotion de Marguerite, s'approcha d'elle :

— Allons, allons, Marguerite, soyez raisonnable ; vous savez bien que c'est nécessaire ; voyez, votre mari a plus de courage que vous.

— Ah! répondit la mère, en laissant couler ses larmes, mon mari est un homme ; un homme ça aime ses enfants, mais il n'y a qu'une mère, voyez-vous, monsieur le Curé, qui sache ce que c'est que de les perdre.

— Mais votre fils n'est pas perdu pour vous, Marguerite ; dans quelques années, vous le reverrez quand il sera un homme qui vous fera honneur ; allons ! calmez-vous.

— Oh! monsieur le Curé, vous prierez le bon Dieu pour lui, n'est-ce pas? dit Marguerite en joignant les mains, je le prierai aussi tous les jours.

— Et Dieu le protégera, dit le curé, Dieu le protégera s'il est honnête homme.

— Et il le sera, dit avec force Kairuel, en frappant sur l'épaule d'Antoine : pas vrai, Antoine, que tu ne feras jamais rougir ton père, ni pleurer ta mère? t'es pas riche, mais tu sais lire et écrire, c'est une fortune, c'est M. Dabin qui te l'a donnée, tu ne l'en feras pas repentir?

— Non, mon père, dit Antoine avec émotion.

Puis, voyant sa mère dans un coin, il s'approcha d'elle, et ils s'embrassèrent longtemps sans rien dire.

— Allons, allons, dit Kairuel, d'un ton qu'il voulait rendre joyeux, le souper est prêt. A table, vous autres!

On se mit à table : d'abord Antoine, tout ému de sa mère, ne put pas manger, mais bientôt l'appetit de la jeunesse l'emporta. Les deux sœurs, affriandées par un repas si excellent, dotées aussi par la jeunesse de cette insouciance qui ne voit que du bonheur dans la liberté et le hasard, les deux sœurs firent comme lui. Le bon curé ne refusait rien, pour ne pas troubler le bonheur que ces pauvres gens avaient à le fêter. Kairuel mangeait tant qu'il pouvait pour se donner un air dégagé et fort. Mais la pauvre Marguerite ne touchait à rien du tout, ses larmes lui retombaient sur le cœur, tout le monde était silencieux. Tout magnifique qu'était le repas, il fut bientôt fini, et alors le curé, prenant la parole, dit à Antoine :

— Maintenant, mon garçon, il faut que je te fasse mon petit présent.

— Qu'est-ce donc? dit Antoine.

— Monsieur le Curé ! reprit Kairuel en rougissant, Antoine n'a besoin de rien, je ne peux pas accepter, vous êtes trop généreux.

— Oh ! dit M. Dabin en souriant, c'est bien peu

de chose; tiens, Antoine, ajouta-t-il en tirant un petit paquet enveloppé de papier et un livre de la poche de sa soutane : voici d'abord une montre.

— Une montre! s'écria toute la famille, une montre d'argent, c'est trop... c'est trop.

— Laissez, laissez, dit M. Dabin, ce n'est pas trop, mais ce sera assez, si elle lui est utile, comme je le veux; avec cette montre Antoine réglera mieux son temps, celui de sa route, celui de son travail, et en voyant cette aiguille qui va toujours devant elle sans jamais retourner en arrière, il comprendra que le temps perdu ne se rattrape jamais.

Le temps, c'est le patrimoine que Dieu a donné au pauvre, et pour l'homme laborieux il est plus riche que vous ne croyez. Je veux vous en donner une preuve. Le chancelier d'Aguesseau dînait à midi précis, et quand midi sonnait il descendait toujours dans la salle à manger. Sa femme, qui n'é- tait pas si exacte, le faisait toujours aussi attendre de cinq à dix minutes. Le chancelier, s'apercevant de ce retard habituel, voulut l'employer à quelque chose; il fit mettre du papier et des plumes dans la salle à manger, et tous les jours il écrivait quelque chose en attendant sa femme. Eh bien! au bout de dix ans, avec les dix minutes de tous les jours qu'un autre aurait perdues à ne rien faire, il composa un des plus beaux livres qu'il ait faits et qui eût demandé un an de travail à un autre. Vous le voyez, il gagna un an de travail sur sa vie.

Peut-être les bonnes gens qui écoutaient le curé ne comprirent-ils pas toute la portée de cette anecdote; mais nos jeunes lecteurs, qui ont déjà idée de ce que c'est qu'un travail de l'esprit, en verront le résultat et y réfléchiront.

Cependant M. Dabin avait remis la montre à Antoine, qui, malgré sa joie, n'avait pas osé la mettre dans son gousset. Le curé prit alors son livre, et ajouta :

— Ceci, Antoine, est une géographie de Gutrie

pour la France; elle t'apprendra ce que tu ne pourrais voir par toi-même, elle te dira la population, l'importance, la situation des villes que tu vas parcourir. C'est à toi à te donner et t'apprendre toi-même tout ce qui manque à ce livre : tu y verras que tous les pays que tu vas parcourir sont une partie de la France, que chaque département y est divisé par arrondissements, par cantons et par communes; mais ce que tu apprendras tout seul, c'est combien les Français du midi diffèrent des Français du nord, ceux de la Bretagne de ceux de l'Alsace, les Normands des Provençaux, tant par le langage, par le costume et les habitudes que par l'esprit et le caractère. Etudie tout cela, Antoine; tu es ouvrier, mais tu peux devenir négociant, tu peux aller plus haut encore. Nous vivons à une époque et dans une nation où il n'y a plus de portes fermées pour personne: de l'honnêteté et du travail, voilà tout ce qu'il faut pour réussir, et à quelque condition que tu arrives, ce que tu auras appris te sera utile. Si tu deviens maître, tu sauras comment il faudra traiter les compagnons de tous les pays qui travailleront chez toi, car chaque pays a son caractère et ses coutumes. Si tu arrives à être négociant, tu sauras quelles sont les productions de chaque climat, les industries de chaque contrée: tu sauras ce qu'on peut leur demander et ce qui leur manque. Je ne t'en dis pas davantage. Il y a aussi un grand bonheur à savoir l'histoire particulière de chaque ville, celle des hommes célèbres qui y sont nés et les grandes choses qui s'y sont passées; mais ton goût décidera de cette étude. Va, mon enfant, sois honnête homme, et que Dieu te conduise !

Peut-être, en faisant ainsi parler M. Dabin, avons-nous fait plutôt le prospectus de ce que nous voulons faire nous-même pour nos jeunes lecteurs, que nous n'avons rapporté fidèlement les paroles du curé ; mais on nous pardonnera d'avoir emprunté à un homme vertueux l'autorité de ses paroles pour persuader nos jeunes amis de la nécessité du tableau que nous leur présenterons dans une suite non interrompue de contes instructifs. Si nous n'avons pas choisi pour faire ce tableau le voyage de quelque jeune élégant avec son gouverneur, c'est que nous voulons faire connaître à nos enfants les différences qui distinguent chaque province, et que ces différences ne sont pas dans le monde riche, où leurs mœurs sont à peu près partout les mêmes, mais dans le peuple, qui a conservé des fractions plus saillantes de ses diverses origines et coutumes d'autrefois.

Cependant M. Dabin s'était retiré. Marguerite envoya coucher son fils, qui devait partir le lendemain de grand matin ; puis, avec ses filles, elle reprit son travail, et toutes trois travaillèrent jusqu'au jour pour compléter le trousseau d'Antoine. Le père Kairuel ne se coucha pas non plus : ce n'est pas qu'il eût quelque chose à faire dans ces travaux d'aiguille, mais il lui semblait à ce brave homme qu'il ne devait pas dormir quand sa femme et ses filles travaillaient toute la nuit. On se parla peu durant toutes ces longues heures ; chacun s'entretenait de ses pensées : le père voyait son fils parcourir la France en bon ouvrier gagnant honnêtement de l'argent et de l'instruction ; Marguerite ne songeait qu'au jour où il reviendrait riche ou pauvre, et ses sœurs voyaient déjà le joli cadeau qu'il leur rapporterait de son tour de France.

Le jour parut. Antoine s'éveilla tout seul, son paquet était fait, tout était prêt depuis une heure. On sortit, et l'on se rendit chez le curé; il n'était pas levé et l'on alla l'éveiller. En l'attendant, toute la famille entra dans l'église de Sainte-Cécile à laquelle tenait la maison de M. Dabin, et tous s'agenouillèrent devant l'image de la sainte patronne d'Albi.

Oh ! l'église de Sainte-Cécile est une magnifique chose ! Ses arceaux gothiques se perdent au ciel, les teintes rouges de briques, qui percent les couleurs dont on l'a revêtue, l'illuminent comme les reflets du soleil. Le chœur a l'air de l'ouvrage des fées, tant il est travaillé ; ce sont des milliers de statues, de fleurs, de rosaces, de colonnes. C'est un ouvrage brodé en pierre et en bois. Que de fois, enfant, tout petit enfant que j'étais, pour échapper à ma bonne, pour grimper dans les combles de l'église, courir sur les corniches, me glisser dans quelque lucarne perdue dans la courbure de ses arceaux; et quand alors l'orgue magnifique de Sainte-Cécile, la patronne des musiciens, se mettait à chanter ou à mugir, et que les voix de milliers de chrétiens, à genoux sur le pavé, se mêlaient au chant de l'orgue; que de fois alors, tout enfant que j'étais, je me suis mis à pleurer tout seul, à m'oublier, à rêver que j'étais un ange, à demander à Dieu de me prendre tout de suite! Je demeurais là immobile, rêveur, jusqu'à ce que ma bonne arrivât et me ramenât aux tristes pensées de la terre en me donnant quelques tapes et en me promettant le fouet; car c'est une des manies des gens du Midi, si ce n'est dans les plus hautes classes, de corriger par les coups, du moins de mon temps.

Donc toute la famille était en prière quand M. Dabin arriva; chacun le vit sans se déranger, et l'on ne se leva que quand la prière fut faite. Alors M. Dabin s'approcha.

— Eh bien! mon enfant, es-tu content de toi?

— Oui, monsieur le Curé.

— Eh bien! pars : voici les soixante francs que tu attends.

Plus tard Antoine écrivit qu'il y en avait cent dans le rouleau.

— Bénissez mon enfant, s'écria Marguerite, bénissez-le, je vous en prie!

Antoine se mit à genoux, et le saint prêtre, tendant les mains sur lui, prononça une courte prière. Le pauvre serrurier et sa femme, ne pouvant s'empêcher d'imiter le bon prêtre, s'écrièrent en sanglotant :

— Nous te bénissons aussi, Antoine, nous te bénissons.

Les deux sœurs étaient aussi à genoux : tout le monde pleurait.

Il fallut partir.

Marguerite et ses filles accompagnèrent Antoine avec son père. En passant sur la place de Vigan, le jeune compagnon ne put s'empêcher de tourner la tête du côté de la rue où était sa maison.

— Tu y reviendras, lui dit Marguerite en l'embrassant.

— Oui, dit Antoine, oui, ma mère.

On traversa le Lude. Vous, mes jeunes amis, qui savez un peu de latin, vous comprenez déjà ce que veut dire le Lude ; le Lude vient de *ludere*, jouer : en cette promenade était l'endroit où les Romains avaient autrefois établi leurs jeux, *ludi ;* et dans notre beau pays les souvenirs de Rome vivent à chaque pas. Au bout de la promenade, Marguerite et ses filles quittèrent Antoine comme cela était décidé. La pauvre mère pleurait, embrassait son fils, le quittait et le reprenait pour l'embrasser.

— Tu nous écriras souvent ; écris-nous souvent.

Antoine promettait en pleurant aussi ; enfin le père Kairuel s'interposa, emmena son fils, et le conduisit jusqu'à une lieue de la ville ; et le tour de France commença.

II

Le premier jour de marche d'Antoine ne le men pas loin ; il s'arrêta à Gaillac, à cinq lieues d'Albi ; mais le lendemain il fit un effort et arriva à Toulouse. Il se rendit d'abord chez la mère des serruriers. La mère des serruriers est une femme chargée de procurer aux compagnons qui voyagent des places dans les boutiques de la ville, et elle reçoit une rétribution pour cela. Antoine y trouva des compagnons qui avaient travaillé chez son père, et l'un d'eux l'emmena chez le père Rossignol, où il le

fit recevoir moyennant sa nourriture. Ce compagnon s'appelait Joseph Sabatier. C'était un gros garçon très-actif, mais qui ne réussissait guère en ce qu'il faisait. Il savait qu'Antoine était un ouvrier adroit, quoiqu'il fût bien jeune, et comptait sur lui pour cacher sa maladresse à son maître. Celui-ci, qui était un homme sévère, dit à Antoine ;
— C'est demain dimanche ; va voir la ville, si tu es curieux, et donne-t'en pour longtemps, parce qu'il n'y aura pas de dimanche d'ici à un mois ; l'ouvrage presse, et il faut travailler. Antoine profita de la permission. Il trouva que Toulouse était une ville qui méritait la grande renommée qu'elle a dans le pays ; car Toulouse a été une capitale. Elle était le séjour des comtes du Languedoc, qui ont été indépendants des rois de France jusqu'en 1229. Toulouse a eu de tout temps une université non moins fameuse que celle de Paris ; on l'appelait autrefois Toulouse la Savante, et cette renommée, ce respect qu'elle inspire aux Languedociens, vivent

encore dans le pays, bien qu'elle soit descendue de son rang de capitale à n'être plus que le chef-lieu d'un département. Le fils du père Rossignol se chargea de conduire Antoine par la ville, et le mena voir d'abord le Capitole. Ce monument, ou plutôt le nom de ce monument, flatte infiniment la vanité de Toulouse ; il lui rappelle son origine romaine et le rang qu'elle occupait lorsque la Gaule était sous la domination de Rome. Mais tout cela est pure fatuité. Allons, enfants, faisons un peu de science, ce sera toujours autant d'appris.

Les anciens magistrats de Toulouse s'appelaient capitouls, et ce nom leur venait du Capitole qui était à Toulouse. Malheureusement aucun manuscrit ancien, aucun livre ne parle de ce Capitole (Capitolium), mais tous parlent du chapitre (capitulum) ou conseil de la ville, d'où les membres tiraient leurs noms de capitouls. Le seul monument romain qui existât à Toulouse était le *château narbonnais*, demeure des comtes. Ce château fut brûlé en 1356, reconstruit quelque temps après, puis définitivement détruit dans le commencement du seizième siècle. Longtemps après, et sous Louis XIII, on contruisit à la place le monument qu'on y voit, et qu'on appelle pompeusement Capitole. Ainsi les capitouls ne portaient pas ce nom parce qu'il y avait un Capitole à Toulouse, mais il y a un Capitole parce qu'il y avait des capitouls (*capitulenses*), membres du chapitre. Ce monument renferme l'Hôtel-de-Ville, les salles d'audience des tribunaux et la salle de spectacle. C'est là aussi que se tiennent les assemblées des Jeux Floraux. Ces jeux furent fondés par sept bourgeois de la ville, et non point par Clémence Isaure. Cette dame ne fit que doter cette académie, la plus ancienne de France, d'un revenu considérable. On y distribue tous les ans quatre fleurs en or et en argent aux meilleurs morceaux de prose et de vers qui y sont envoyés. Cette distribution a lieu dans la salle des Illustres, ainsi nommée parce qu'elle renferme les bustes de tous les hommes célèbres du pays. Les Toulousains vous conduisent d'abord au Capitole, monument assez médiocre, et ils oublient qu'ils possèdent de curieux chefs-d'œuvre d'architecture. Et d'abord l'église Saint-Sernin, dont le cloître fait le sujet de notre gravure, Saint-Sernin, surmontée d'une tour qui se rétrécit d'étage en étage à une hauteur prodigieuse, et dédiée au premier évêque chrétien de cette ville. Puis le cloître, où l'on a établi le Musée, et qui a servi de modèle à la fameuse décoration du troisième acte de *Robert le Diable*. Puis Saint-Étienne, fondé par le comte Raymond VI, détruit et relevé plusieurs fois, et enfin reconstruit par le cardinal de Joyeuse vers l'an 1630. Antoine admira aussi la place La Fayette, construite sur l'emplacement des anciens remparts, car Toulouse était une ville forte qui a subi bien des siéges, et qui, en 1814, soutint le dernier effort de la France contre les Anglais en faveur de Napoléon. Antoine demanda à son compagnon de le conduire dans les caves des morts dont son père lui avait parlé ; mais elles n'existent plus depuis la révolution de 1789. Dans ces caves, qui dépendaient des couvents des Jacobins et des Cordeliers, on mettait les morts avec leurs habillements, et ils s'y conservaient plusieurs siècles de suite. Pour que ceci ne vous étonne pas, il faut vous dire que les terrains où elles étaient pratiquées étaient formés d'une chaux éteinte qui desséchait les cadavres et prévenait les putréfactions. En 89 on y voyait encore la belle Paule dans ses habits d'or et de soie. Cette femme avait été si belle, qu'on lui avait ordonné, par arrêt du Parlement, de paraître deux fois par semaine en public pour que le peuple pût l'admirer. Antoine parcourut ainsi la ville, admirant les belles églises dont elle est parsemée. Il vit l'arsenal, qui était encore bien riche, et enfin il se rendit au Cours pour y voir la promenade. Il passa le pont qui traverse la Garonne au bout duquel s'élève une porte qui en ferme l'entrée. Puis il vit le Château-d'Eau, qui distribue l'eau à toutes les fontaines et aux maisons de ville, et de l'eau toute filtrée, vraiment! Il y a de quoi faire rougir Paris avec ses eaux sales et puantes. Une fois arrivé sur le Cours il entendit chanter avec de grands cris, et vit que c'était une farandole. La farandole est une chose bien joyeuse et bien horrible. Lorsque le peuple du Midi est en joie, il entonne une de ses gracieuses chansons. Quelques centaines d'hommes et de femmes commencent en chantant et en dansant; ils parcourent ainsi les promenades et les rues, appelant tous ceux qui passent; beaucoup se mêlent aux premiers, et la farandole continue ainsi, allant par tous les quartiers, se grossissant d'abord de tous les oisifs, puis des travailleurs eux-mêmes; peu à peu cette danse et le chant animent tout le monde; on descend des maisons; les enfants, les femmes, les vieillards, les jeunes filles, quelquefois les gens du plus grand monde; on court toujours, et toujours en dansant et en chantant; alors chacun s'émeut et se lève, on répond des fenêtres, la marche s'accélère, les chansons deviennent plus vives, enfin c'est toute la ville qui chante, qui danse, qui court par les rues. C'est là la joyeuse farandole. Mais quand le peuple est de mauvaise humeur, il entonne quelque sauvage chanson, et parcourt la ville en répétant des cris de mort et de sang ; il s'anime pour le crime comme pour la joie; il entraîne de même la ville dans sa course et dans ses chants, et alors malheur à celui qu'il croit son ennemi ; il le déchire et le traîne par les ruisseaux. C'est après une farandole qu'on assassina en 1815 le général Ramel. Antoine, qui en avait vu à Albi, la laissa passer, et fit une partie de mail avec son compagnon. Je crois vous avoir dit ailleurs ce que c'est que le jeu du mail. Enfin, lassé de toute cette journée, il rentra chez son maître.

Maintenant que le voilà bien établi à Toulouse, il faut vous raconter la vie qu'il y mena et l'événement qui l'en fit sortir.

Selon l'usage des ouvriers de tous pays, Antoine

se levait avec le jour ; il se régalait d'un morceau de pain et commençait son travail ; il s'entendait à merveille avec Joseph ; celui-ci, grand et fort, prenait l'ouvrage d'Antoine lorsqu'il fallait commencer sur l'enclume une ferrure grossière, une barre de porte charretière, un croc à salaisons, comme il s'en trouve dans presque toutes nos maisons du Midi où l'on tue un cochon par an, ou bien lorsqu'il fallait forger les énormes chenets de nos cuisines, au bout desquels se dresse, au lieu d'une pomme de cuivre, une haute branche de fer toute garnie de petites plaques recourbées pour recevoir la broche, que tourne le chien de la maison, portant en outre à l'extrémité une espèce de large coupe de métal où l'on pose tous les petits ustensiles de ménage. A son tour Antoine faisait l'ouvrage de Joseph lorsqu'on avait demandé au maître une clef de secrétaire polie et délicate, ou la ferrure soignée d'un rouet pour quelque vieille dame qui passe son temps à filer de belles laines pour broder des tapisseries au petit point. Sauf quelques jurements par-ci, quelques taloches par-là, et la disparition de son souper, que le fils Rossignol s'attribuait quelquefois en supplément du sien, Antoine vivait assez heureux. Comme il était propre et poli, et qu'il savait compter, on l'envoyait remettre les ouvrages commandés chez les pratiques, et il en recevait toujours quelque *pourboire* qu'il ne mangeait pas toujours en raisiné. Il avait près de six louis bien comptés, et des louis de vingt-quatre francs, car il ne faut pas parler aux ouvriers du Midi de nos louis de vingt francs. Je crois qu'ils aimeraient mieux avoir cinq cents francs en louis de vingt-quatre francs, que six cents en louis de vingt francs ; c'est leur vieille manière de compter leur vieille monnaie, et ils n'en changeront pas de longtemps.

Un jour qu'il travaillait dans la boutique avec Joseph, et que leur maître était malade, arrive un domestique qui vient demander un habile serrurier pour ouvrir un coffre dont les clefs avaient été perdues. Le maître charge Joseph de s'y rendre; mais réfléchissant qu'il y aura peut-être quelque secret à découvrir, il dit à Antoine de l'accompagner. Ils arrivent à une lieue de la ville, dans une maison d'assez belle apparence; c'était celle d'un monsieur mort la veille. Dans une grande chambre, où il y avait cinq ou six personnes assemblées, ils trouvèrent un coffre scellé au mur, et garni partout de larges bandes de fer.

— Ah ! disait l'un des héritiers, c'est dommage que ce pauvre M. Villon n'aimât pas la société des gens d'esprit qui entendaient l'emploi de l'argent, car c'était un homme excellent, rangé et économe. — Sans doute, ajouta une vieille dame, il avait bien quelques défauts, celui, par exemple, de ne pas être assez pieux ; il ne donnait presque point aux pauvres, mais il était si économe pour lui-même qu'on peut le lui pardonner. — Eh ! reprit un troisième, sans cette qualité il eût été ruiné, car ses voisins le mangeaient de tous côtés. Je n'ai jamais pu lui persuader de faire un procès; mais il était si économe qu'il réparait ainsi les pertes qu'il faisait par sa négligence. — Quant à moi, dit un gros collatéral, je trouve qu'il n'avait pas grand mérite à être économe, car il n'aimait rien que l'or, et jamais il ne se régalait ni d'une bonne bouteille de blanquette de Limoux ni d'un foie de canard aux truffes. Jamais il ne faisait sa partie de piquet, ce qui est le charme de la vie. Au milieu de tous ces gens était un héritier sournois qui semblait rire en dessous. Enfin on ordonna aux deux serruriers d'ouvrir le coffre; il résista à toutes les tentatives qu'on fit pour en forcer la serrure. Et à chaque fois le gros collatéral de s'écrier : — Oh ! oh ! le bonhomme tenait ses écus serrés ! Alors Joseph, impatienté, prit un levier de fer, et, se servant de sa force de taureau, il eut bientôt fait sauter le coffre par morceaux. Tous les héritiers étaient autour, s'attendant à voir s'échapper des monceaux d'argent ; mais lorsque le coffre fut tout à fait ouvert, ils ne virent ni écus ni lingots, mais seulement un coffre plus petit et d'un travail précieux. D'abord ils demeurèrent stupéfaits ; mais l'un d'eux s'écria : — Ah ! le vieil avare avait converti sa fortune en or, et ce coffre en est assurément plein. — C'est juste ! s'écrièrent les cohéritiers, c'est de l'or que nous allons trouver. — Voyons, brisez ce coffre. — Prenez garde, ce coffre est très-précieux, et c'est perdre une grande valeur que de le briser. — Bah ! bah ! il s'agit bien de quelques sous de plus ou de moins, quand il s'agit de trouver des millions. Allons ! travaille un peu, toi. Joseph se mit à l'ouvrage, mais ni marteau ni levier n'y pouvaient rien, et on ne faisait que gâter les incrustations du coffre sans le briser. — Allons, dit la dame, essayez de l'ouvrir. Antoine s'approcha, chercha de tous côtés sans pouvoir trouver la serrure qui fermait ce coffre. Enfin il remarqua une petite figure de cuivre qui ornait un des coins ; l'œil de cette petite figure était fait d'une pointe d'acier avec une raie au milieu : il la compara aux figures des autres coins ; elles étaient toutes semblables, à l'exception de la petite raie. Il jugea que c'était une vis ; il essaya de la défaire avec un instrument très-délicat : il y réussit, et la tête de cette figure, qui représentait un serpent, se dérangea. Après ce secret, il en fallut découvrir un autre ; enfin, après deux heures de patience et d'adresse, on ouvrit le coffre, et encore cette fois on ne trouva rien qu'un coffre encore plus petit. Pendant l'opération, les héritiers n'avaient fait que parler des sommes immenses qu'ils allaient toucher. Ils demeurèrent confondus à l'aspect du coffre vide. Mais le premier héritier, qui était un homme à spéculations, et qui ne se décourageait pas facilement, s'écria de nouveau : — Ah ! c'est indigne, notre parent avait réduit toute sa fortune en diamants pour pouvoir l'emporter et en frustrer ses héritiers. Heureusement qu'il est mort tout d'un coup. Voyons. On ouvrit ce coffre sans difficulté, et l'on y trouva, au lieu de diamants, une tabatière en corne d'une énorme dimension avec un papier, et sur ce papier il y avait en gros caractères :

A MES HÉRITIERS

J'ai du bon tabac dans ma tabatière,
J'ai du bon tabac, tu n'en auras pas.

Joseph et Antoine se mirent à rire tant qu'ils pouvaient, malgré la mine défaite des héritiers; mais ceux-ci se fâchèrent et voulurent les mettre à la porte; l'un d'eux intervint, et dit qu'il fallait ouvrir la tabatière. — Ce sont des billets de caisse et des recouvrements du trésor! s'écrièrent-ils. On ouvrit : c'était un testament. Le voici :

« Ma fortune est de douze cent mille francs dépo-
» sés actuellement chez le receveur général. (Les
» héritiers sourirent d'une façon admirable). Je la
» partage en quatre parts égales : la première est
» destinée à une grande et utile spéculation (Le
» premier héritier se frotta les mains). Je la destine
» à la construction d'un pont sur le torrent de
» Llers, qui coupe les communications dans les
» jours d'orage. Néanmoins, sur cette somme, i[1]
» sera prélevé, en faveur de mon neveu Benoît

» (c'était le premier héritier), une somme de trois
» francs cinq sous pour acheter une arithmétique de
» Bezout, afin d'apprendre à bien calculer les résul-
» tats des opérations qui doivent l'enrichir. » Tout le
monde rit, excepté le malheureux héritier. La lecture continua : « La seconde part de ma fortune est
» destinée aux pauvres. (La vieille dame soupira
» joyeusement en levant les yeux au ciel.) On construira avec cette somme un hôpital où seront re-
» çus vingt vieillards infirmes. (La dame soupira en
» sens inverse.) Sur cette somme, il sera donné à
» ma cousine Porret (c'était la vieille dame), six
» francs, pour acheter à sa sœur de lait, qu'elle
» laisse dans la misère, une paire de bas de laine et
» des sabots. »

Les visages des héritiers s'allongèrent tout à fait ; mais Antoine ne pouvait s'empêcher de rire, et Joseph l'imitait.

« La troisième part de ma fortune est destinée à
» la libération des prisonniers pour dettes qui ont

» une famille qui ne vit que de travail, et, sur cette
» somme, il sera donné sept sous à mon neveu Dupré
» pour acheter une feuille de papier timbré sur la-
» quelle je le prie de faire faire une copie de mon
» testament. Quant au dernier quart, il en sera cons-
» titué une somme de quinze mille livres de rente
» qui seront distribuées par l'académie de Toulouse
» aux meilleurs ouvrages propres à corriger le peu-
» ple de la gourmandise, de l'ivrognerie et de la pas-
» sion du jeu. Je ne donne rien à mon neveu Du-
» bois ; mais il aura droit, durant toute sa vie, à un
» exemplaire des ouvrages qui auront remporté le
» prix. »

Cette lecture finie, les héritiers s'emportèrent en injures contre le défunt ; c'était un sot, un avare, un malhonnête homme.

— Attendez, attendez, il y a encore une clause.
On écouta.

« A celui qui aura brisé le premier coffre, mon
» notaire comptera une somme de cent francs, car

» c'est toujours une qualité d'être fort et vigou-
» reux ; cela annonce l'habitude des travaux péni-
» bles.

» A celui qui aura ouvert le second coffre, on don-
» nera une somme de mille francs, car l'adresse et
» la patience sont au-dessus de la force, elles arrivent
» à faire des choses où elle échoue, et méritent d'être
» récompensées. »

Joseph ne revenait pas de sa joie, et Antoine de son étonnement ; ils s'embrassaient en riant et en pleurant. Enfin il fallut se retirer.

Sur le pas de la porte Antoine trouva le premier héritier qui lui dit :

— Ah çà ! mon garçon, vous voilà en passe de faire fortune. Avec mille francs, voyez-vous, on en gagne mille autres, puis deux mille, et en un an on est riche. Si vous voulez me confier vos fonds, j'en ferai bon usage. Donnez-moi d'abord cinq cents francs, et puis nous verrons. Je commencerai dès ce soir une opération, on verra à vous intéresser.

— Monsieur est bien bon; je ne voudrais pas lui donner cet embarras.

— Laissez, laissez donc, j'irai vous voir demain.

Cent pas plus loin la vieille dame aborda Antoine et lui dit aussi :

— Mon fils, voilà du bien que le ciel vous envoie ; il faut être reconnaissant et en faire part aux pauvres malheureux qui n'ont pas le même bonheur. Si vous voulez me confier vos aumônes, je les distribuerai à d'honnêtes gens qui sont dans la misère. Vous ne pouvez guère donner moins d'une centaine de francs.

— C'est trop juste, madame, dit Antoine, j'irai vous voir.

— C'est inutile, je passe tous les jours dans votre rue, j'entrerai dans votre boutique, et je prendrai l'argent pour me rembourser, car je vais le distribuer en rentrant.

Encore cent pas plus loin Antoine et Joseph rattrapèrent le gros collatéral qui dit à Antoine :

— Le notaire vous a-t-il compté votre argent ?

— Non, dit celui-ci, il me le remettra demain.

— Ah ! bien, vous êtes friponné, mon cher ami, et si vous ne lui envoyez pas une assignation tout à l'heure, vous ne toucherez rien.

— Qu'est-ce que c'est que ça ? dit Antoine.

— J'irai chez vous, et je vous expliquerai ça. Ça vous coûtera une centaine de francs..... vous en rattraperez mille. Je commencerai aujourd'hui même les poursuites.

Nos deux ouvriers, qui s'étaient regardés déjà comme riches, furent tout chagrins, et Joseph criait comme un sourd : — Nous lui ferons un procès. Comme ils continuaient leur route, ils passèrent devant un cabaret.

— Oh çà ! vous autres, cria le troisième cousin du défunt qui était sur la porte, est-ce que vous ne payez pas une bouteille et un foie de canard ? c'est le charme de la vie.

Il était difficile de refuser après la bonne aubaine

des mille francs. Après souper, car la nuit était venue, le cousin Dubois proposa une partie de piquet. On joua tout en buvant, et, en moins d'une heure, Antoine, qu'on avait fait boire outre mesure, perdit trois cents francs. Le cabaretier voyant cela, prit les convives pour des fripons, et demanda à être payé. Il en coûta quinze francs à Antoine, que son adversaire lui prêta en lui disant qu'il irait chercher le tout le lendemain. Il lui en fit faire un petit billet.

Le lendemain venu, Antoine, dégrisé de sa joie et de son vin, récapitula un peu sa fortune. Mais quel compte, mon Dieu ! les mille francs qu'il n'avait pas, il les avait promis sous différents prétextes à tous les cohéritiers. Le pauvre Antoine se voyait ruiné, perdu ; il pleurait à chaudes larmes. Le gros collatéral arriva le premier ; il lui raconta ses malheurs. — Ne vous désolez point, lui dit-il, j'arrangerai tout cela ; donnez-moi cent francs, vous aurez votre argent, et vous ne payerez personne ; ce sont des fripons. Le pauvre Antoine alla à son petit trésor et en tira quatre bons louis. A peine l'héritier venait-il de sortir, qu'un domestique se présenta pour lui remettre mille francs de la part du notaire. Antoine voulut courir après son argent pour l'empêcher de faire le procès ; mais à l'instant même le second héritier arriva qui demanda les cinq cents francs, puis la dame aux aumônes, puis le troisième neveu, et le soir, de compte fait, Antoine n'avait plus rien des mille francs.

Un mois après, le notaire, ayant besoin d'un ouvrier adroit, fit venir Antoine. Comme celui-ci travaillait dans son cabinet, il lui demanda ce qu'il avait fait de son argent. Antoine lui répondit d'un air triste : — Je l'ai perdu.

— La leçon est un peu chère, dit le notaire, mais elle te rapportera plus de mille francs si elle te profite. Tiens, voici un louis; va le mettre dans une caisse d'épargnes, c'est la meilleure des spéculations. En voici un autre; si tu as un père, ou une mère, ou des frères qui ne soient pas riches, il faut le leur envoyer; c'est la meilleure des aumônes; elle te vaudra leurs bénédictions. Quant aux buveurs et aux joueurs, tu sais ce qu'on gagne à les fréquenter ; tâche de ne pas l'oublier. L'ivrognerie et le jeu ne nous mènent qu'à notre ruine.

Quelques jours après, Antoine désolé quitta Toulouse.

III

UNE VISITE AUX PYRÉNÉES.

Le chemin que devaient suivre Antoine et Joseph pour se rendre à Pau, où ils savaient que les ouvriers serruriers étaient très-recherchés dans le moment, était facile et direct, mais Joseph persuada à Antoine d'aller à Arrens voir un de ses oncles, qui assurément les recevrait bien et les gratifierait de quelques vieux louis enterrés dans certain coin de son jardin ou de sa cave. Ils s'acheminèrent du côté des

Pyrénées. Le voyage fut heureux, et tous deux marchaient gaiement, saluant les voyageurs qu'ils rencontraient sur la route, car en ce pays c'est une coutume de politesse à laquelle le dernier des paysans ne voudrait pas manquer. Ils arrivèrent sans obstacle jusqu'à Argelès, charmant village du département des Hautes-Pyrénées ; ils s'y reposèrent une nuit et repartirent le lendemain pour Arrens. Au lieu de suivre le Gave d'Auzun, qui les y eût menés directement, ils se fièrent à des renseignements, qu'ils crurent comprendre, pour couper à travers les montagnes, et se mirent en route. Ils marchèrent une bonne moitié de la journée, toujours trompés par la réponse favorite des habitants du pays : Tout droit, tout droit, mots qu'ils répondent à toutes les questions. Un jour que je voyageais dans ces montagnes je dis à un paysan : « Quelle heure est-il ? — Toujours tout droit, » me répondit-il en son patois.

Ce ne fut que vers une heure de l'après-midi que Joseph et Antoine commencèrent à s'apercevoir que depuis sept heures qu'ils montaient ils devaient avoir fait les trois lieues qui séparent Argelès d'Arrens. Ils se tournèrent de tous côtés, et virent qu'ils étaien au sommet d'une montagne qui dominait le pays. Ils montèrent encore quelque temps et aperçurent quatre ou cinq villages au pied de la montagne : mais lequel était Arrens, ou plutôt Arrens était-il parmi ces villages ? Ils se décidèrent à descendre à tout hasard ; mais, avant de reprendre leur marche, ils s'assirent au pied d'un houx qui croissait là comme par hasard, car la montagne était pelée et nue, et ils se mirent à manger le pain et le morceau de lard qu'ils avaient dans leur havre-sac. La fatigue s'était fait sentir pendant le repas, et ils demeurèrent près d'une heure à se reposer et à dormir. A leur réveil ils se levèrent pour repartir : le soleil brillait d'un magnifique éclat ; mais leur surprise fut grande, en baissant leurs regards vers la vallée, de la voir disparue à leurs yeux. De gros nuages s'élevaient au pied de la montagne, et comme roulés par une force terrible ils se grossissaient avec une vitesse incroyable. Çà et là quelques espaces vides laissaient voir au loin les campagnes ; mais elles étaient sombres et voilées, tandis qu'eux-mêmes étaient sous un ciel pur et éclatant. Pendant qu'incertains et étonnés ils se consultaient sur ce qu'ils devaient faire, cette mer de nuages se ferma pour ainsi dire sous leurs pieds, et ils ne virent plus au-dessus d'eux que le ciel, autour d'eux qu'une vaste plaine de brume. D'abord ils n'avaient éprouvé qu'une vive surprise ; mais lorsqu'ils entendirent que cette masse de nuages montait toujours en grondant sourdement, ils se prirent à avoir peur. Ils n'osaient se parler. Il n'y avait plus à monter, et l'idée de traverser cette espèce de rempart de vapeur les épouvantait. Cependant ils en auraient peut-être trouvé la force, lorsqu'une ligne de feu serpenta sur les nuages, les déchira dans leur profondeur, et éclata avec un bruit effroyable. Tous deux tombèrent à genoux. Alors commença un de ces soudains et violents orages de montagnes qui inondent et dévastent des contrées entières. Les éclairs se succédaient sous leurs pieds; ils se combattaient comme des épées croisées; les éclats du tonnerre, répétés d'échos en échos, ressemblaient à une bataille de cent mille pièces de canon. Cependant ils demeuraient à l'abri et du feu et de la pluie, car les nuages s'étaient arrêtés à une centaine de toises au-dessous d'eux. Peu à peu ils se rassurèrent, et admirèrent ce magnifique spectacle. C'était toute la furie d'une tempête dans l'Océan ; comme des vagues immenses, les nues roulaient et bondissaient, se heurtaient, et à chaque choc s'allumaient d'éclairs et retentissaient de tonnerre.

Ce terrible combat dura deux heures. Peu à peu les nuages, qui s'abattaient en pluie large et serrée sur la vallée, s'éclaircirent lentement, devinrent transparents, puis, complétement dissous en eau, disparurent et laissèrent la plaine à découvert. Alors au danger de l'orage luttant, succéda le danger de l'orage tombé, aux épouvantables coups de tonnerre en fureur le mugissement des eaux. Les pluies versées aux flancs de la montagne coulaient d'abord en filets légers et reflétant le soleil comme des torsades d'argent ; plus bas, quelques-uns de ces filets réunis dans quelque ride profonde de la terre commençaient déjà à courir en bouillonnant, et formaient des milliers de ruisseaux avec leur clapotement irrité ; plus bas ces ruisseaux tombaient dans quelque ravin, et déjà fondant terribles, boueux, ils entraînaient les terres et les sables dans leurs cours ; puis enfin, précipités dans quelques-uns de ces lits creusés dans les entrailles de la montagne, ils s'élançaient en torrents furieux, indomptés, déracinant arbres, rochers, maisons, les traînant dans leurs eaux fangeuses, et les faisant tourbillonner comme une toupie sous le fouet.

Antoine et Joseph étaient d'autant plus embarrassés que le jour allait finir, et que le froid devenait assez piquant pour être dangereux. Ils tâchèrent donc de s'orienter, et prirent un sentier qui bientôt les conduisit à une route assez large pour qu'elle menât à quelque village. Ils se mirent à la descendre et passèrent devant une espèce de ruine, où ils ne jugèrent pas à propos de demander asile, tant l'aspect en était misérable. Ils poussèrent plus loin, espérant toujours un bon gîte, lorsque tout à coup il fallut s'arrêter : la route qui descendait en louvoyant sur le revers de la montagne avait été rencontrée transversalement par un torrent et emportée dans un espace de plus de cent pieds. Force fut à nos voyageurs de rebrousser chemin. Ils cherchèrent la masure qu'ils avaient méprisée, mais ils ne pouvaient la retrouver ; la nuit était fermée, la lune absente ; ils marchaient à tâtons ; enfin ils aperçurent une lumière à travers les arbres : ils y coururent, et virent qu'ils étaient près de la maison qu'ils cherchaient. Une enseigne qui pendait à la porte leur dit que c'était une auberge. Ils frappèrent, et l'on fut longtemps à leur ouvrir. Pendant qu'ils attendaient, Joseph dit tout bas à Antoine :

— C'est un pays de brigands ici ; c'est peut-être une maison de voleurs.

Antoine rit de la peur de Joseph ; mais lorsqu'on leur eut ouvert et qu'ils furent entrés, Antoine ne rit plus. Il y avait une douzaine d'hommes dans la chambre, tous rangés autour du feu. Jamais Antoine n'avait vu de pareilles figures. C'étaient des hommes robustes, assez proprement habillés avec leurs culottes courtes, leurs spardilles attachées à la jambe par des lanières de cuir, leurs bérets bleus et leur veste sur l'épaule. Tous tenaient un long bâton et se chauffaient silencieusement ; mais il y avait quelque chose d'inquiet et de sinistre dans leur physionomie ; ils semblaient écouter le moindre bruit qui venait du dehors. De temps en temps un mot laconique s'échangeait entre eux.

— Belle journée, disait l'un. Combien pour ta part ?

— Deux.

— Où sont-ils ?

— Enterrés ; tu sais, avec les autres.

Antoine et Joseph se regardèrent : ils se virent pâles comme des morts. A ce moment on entra sans frapper, et l'on vit deux gendarmes. Tous les hommes échangèrent un coup d'œil rapide, et quelques-uns cachèrent des pistolets qu'ils portaient à leur ceinture. L'un d'eux, qui fumait dans le coin de la cheminée, se mit à chantonner. Les gendarmes s'approchèrent de lui et lui demandèrent son passe-port. Il tira gravement un papier crasseux de dessous sa veste, avec le papier un coutelas qui avait bien deux pieds de lame, et il se mit à nettoyer sa pipe avec la pointe pendant que le gendarme lisait le passe-port.

— Vous vous appelez Louis Baldera, et vous êtes Espagnol ? dit-il au paysan.

— Y a-t-il écrit Louis Baldera ? dit celui-ci.

— Sans doute, puisque c'est votre nom, reprit le gendarme.

— Alors c'est mon nom, puisque c'est écrit.

— Vous êtes négociant ?

— Y a-t-il écrit négociant ?

— Sans doute ; mais êtes-vous véritablement négociant ?

— S'il y a écrit négociant, je suis négociant.

— Que faites-vous de cette arme ? Vous savez bien qu'il est défendu d'entrer sur le territoire français ainsi armé.

— Armé ! dit le paysan ; on ne peut donc ni se curer les dents, ni couper son pain en France ? bientôt on prendra les épingles pour des piques.

Les gendarmes, tout en faisant leur inspection, regardaient souvent du côté de la porte. Antoine s'imaginait qu'il allait arriver un renfort et qu'on allait attaquer et tuer ces misérables, et il cherchait déjà un moyen d'instruire les gendarmes qu'ils n'étaient pas de leur compagnie, lorsque Louis Baldera dit à ceux-ci :

— Quoi ! vous vous en retournez ? soupez avec nous.

— Volontiers, dirent-ils.

— Ce sont de faux gendarmes, pensa Antoine, qui sont ici pour rassurer les voyageurs ; car tous ces gens sont des brigands assurément.

On soupe assez paisiblement. Quand vient l'heure de se retirer, Antoine entend Louis Baldera dire tout bas à l'aubergiste :

— Mets-les dans la chambre... tu sais...

— Oui.

— J'en voudrais une autre ! cria imprudemment Antoine.

— Une autre quoi ? dit l'aubergiste, qui ne s'était pas aperçu qu'Antoine écoutait.

— Dame, dit Antoine en balbutiant, une autre...

— Une autre bouteille ? on vous la montera. Allons, il faut éteindre le feu. Au lit, plus vite que ça : vous voyez que vous êtes les derniers.

Joseph et Antoine montèrent une espèce d'échelle comme des moutons qu'on mène à la boucherie. Ils avaient remarqué que tous les voleurs étaient sortis furtivement, sans emporter de chandelle et sans être conduits par personne, comme eussent fait des voyageurs ordinaires. L'aubergiste les mena dans une grande chambre ayant un lit dans un coin, et les laissa en leur souhaitant une bonne nuit. Déjà Antoine et Joseph tremblaient de tous leurs membres; mais ils tremblèrent bien plus quand ils entendirent l'abergiste les enfermer à double tour. Alors ils se regardèrent comme des hommes morts, et leur première idée fut de tenter de s'échapper. Quel surcroît d'épouvante : la chambre n'avait pas de fenêtre, et le bout de chandelle qu'on leur avait laissé était près de s'éteindre. Ils n'osaient parler, et Antoine s'assit sur son lit en pleurant. Joseph, confiant dans sa force prodigieuse, chercha partout un bâton ou quelque chose dont il pût faire une arme ; mais il ne trouva rien.

— J'en étranglerai un, du moins, s'écria-t-il.

— Mais moi je n'étranglerai personne, et je serai égorgé, dit Antoine.

— Eh bien! mon pauvre Antoine, dit Joseph, j'en étranglerai deux.

A ce moment leur chandelle s'éteignit et ils demeurèrent d'abord dans une complète obscurité. Cette obscurité leur fit voir une chose qu'ils n'avaient pas d'abord aperçue, une lucarne par où venait un rayon de lune. Cette lucarne était à sept ou huit pieds du sol. Comme le silence commençait à les rassurer, ils entendirent remuer dans la maison et chuchoter au pied de la lucarne. Ils reprirent leur peur de plus belle, et par un sentiment invincible de curiosité ils essayèrent de voir le danger qu'ils pourraient courir, comme s'il leur eût été plus facile alors d'y échapper, comme s'ils n'eussent pas été captifs et tous deux désarmés contre douze brigands avec des pistolets et des poignards. Malgré cela, ils se résolurent à épier ce qu'on ferait, et pour y arriver Joseph fit la courte échelle à Antoine; celui-ci monta sur ses épaules, il passa la tête dans la lucarne. Dieu sait ce qu'il vit, mais ce qu'il vit était bien horrible, Dieu sait ce qu'il entendit, mais ce qu'il entendit était bien épouvantable, car les jambes commençaient à lui flageoler sur les épaules de Joseph, et Joseph qui sentait Antoine trembler, tremblait aussi en lui disant tout bas :

— Que vois-tu ? Que vois-tu ?

Pour toute réponse, Antoine se laissa tomber avec un grand bruit, et Joseph tomba parce qu'Antoine était tombé, comme il avait tremblé parce qu'Antoine avait tremblé.

— Qu'y a-t-il donc ? dit-il en balbutiant.

— Il y a, dit Antoine, que j'ai vu ces hommes emporter deux à deux des sacs où il y a sûrement les cadavres des voyageurs.

— Des cadavres ? dit Joseph.

— Certainement, puisque d'autres qui étaient au pied du mur disaient tout bas : Il ne peut pas entrer dans le sac ! et que Louis, tu sais, Louis, ce brigand qui a parlé au gendarme, a répondu : Eh bien ! coupe-lui la tête.

Joseph devint froid à cette parole. Antoine était

immobile. Tout à coup ils entendirent monter l'échelle. Le courage de Joseph s'était envolé, et ils se jetèrent sur le lit pour faire semblant de dormir. L'aubergiste entra ; il s'approcha d'eux avec une lanterne. Louis était avec lui. Celui-ci dit à l'aubergiste :

— Crois-tu qu'ils soient capables de nous dénoncer ?

— Bah ! dit l'aubergiste, ce sont de pauvres ouvriers qui se sont égarés en allant à Arrens.

— Tant mieux pour eux ! car sans cela !...

Et Louis tira son grand cure-dent de deux pieds.

L'aubergiste l'emmena. Quelle nuit passèrent Antoine et Joseph ! Le jour les trouva éveillés et sans avoir dormi. Lorsqu'ils en virent les premiers rayons, ils essayèrent de sortir de la chambre, et en trouvant la porte ouverte ils descendirent précipitamment, et allaient prendre leurs jambes à leur cou lorsque en traversant la cour l'aubergiste les appela en criant :

— Hé! hé! les autres! est-ce qu'on sort d'une honnête maison sans payer?

— Non certes, dit Antoine tout troublé, nous allions prendre l'air. Qu'est-ce que nous vous devons?

— Vingt sous chacun pour le souper, et vingt sous pour le lit. Trois francs.

— Voilà, dit Antoine.

Et dans son trouble il tira la bourse où étaient ses louis, et les montra imprudemment à l'aubergiste.

— Diable! dit l'aubergiste en les lorgnant du coin de l'œil, voilà de bien beaux doubles louis.

— C'est-à-dire, des doubles louis, dit Antoine, ça en a l'air, mais...

— Est-ce que c'est de la fausse monnaie? dit l'aubergiste d'un ton terrible.

— Non certainement, non... mais... enfin... tenez, voilà vos trois francs.

— Merci, dit l'aubergiste, et ne faites pas de mauvaises rencontres.

Ils partirent, et ayant rencontré un paysan ils apprirent qu'ils étaient encore à plus de six lieues d'Arrens. Ils prirent un guide et arrivèrent à la nuit chez l'oncle de Joseph. Après les premiers embrassements, ils allaient lui raconter les terribles choses qu'ils avaient vues, lorsque au coin de la cheminée ils aperçurent Louis Baldera qui fumait tranquillement. A cet aspect, ils demeurèrent confondus. L'oncle cependant les ayant fait asseoir passa dans une chambre avec Louis. Ils se hasardèrent à regarder par la porte entr'ouverte, et leur surprise et leur effroi furent à leur comble quand Antoine reconnut les sacs aux cadavres. Ils allaient crier au secours! lorsque Louis d'un coup de son grand coutelas éventra l'un des sacs, et il en tomba une quantité de café en grains. L'oncle le prit dans ses mains et en parut satisfait. On alla à un autre qui fut également poignardé : c'était du sucre. Mais restait le sac qui était ensanglanté, et à travers lequel se dessinaient les membres d'un homme. Louis s'en approcha de même, le défit, et en tira un énorme cadavre, duquel il coupa proprement une demi-douzaine de côtelettes de porc frais que l'on fit griller pour le souper.

Les brigands étaient des contrebandiers, et l'homme assassiné un bon et succulent cochon.

IV

LA COALITION D'OUVRIERS

Après avoir quitté Arrens, nos deux compagnons, Joseph et Antoine, se rendirent à Pau. Si vous demandez à Pau, la vieille capitale d'un vicomté et d'un royaume, quel est son premier titre à être une ville française, elle répondra : J'ai donné Henri IV à la France. C'est son droit de bourgeoisie qu'elle a payé par un grand roi ; il faut l'en remercier ; nous ne pouvons dire si la Suède lui est aussi reconnaissante de lui avoir donné Bernadotte pour souverain, car c'est une nourrice de rois, que la ville de Pau. Dans l'histoire de la ville de Pau il y a une belle et touchante chose que vous apprendrez avec l'histoire de notre France, c'est la naissance d'Henri IV, pendant que sa mère chantait les paroles que voici traduites de leur vieux patois :

> Notre-Dame du Bout-du-Pont,
> Priez Dieu qu'il me vienne en aide
> Et qu'il m'accorde un beau garçon ;
> Notre-Dame du Bout-du-Pont,
> Tout ici-bas vous intercède,
> De la vallée au haut du mont.
> Priez Dieu qu'il me vienne en aide,
> Notre-Dame du Bout-du-Pont.

Le premier cri d'Henri IV répondit à cette douce chanson, et ce premier cri fut calmé par une gousse d'ail et un verre de vin de Jurançon : aussi ce fut un homme plus qu'un roi que ce Henri, si singulièrement venu au monde ; aussi, parmi ces châteaux de l'aristocratie d'il y a cent ans et de la royauté d'autrefois, démolis par la révolution de 1789, le château où est né Henri IV est demeuré debout; il y avait pour le protéger l'écaille de tortue qui avait servi de berceau au petit Henri. Enfants, voyez-vous ce que c'est qu'être un homme grand et bon : ce berceau devint plus puissant qu'une nioube ; on a fouillé et jeté aux gémonies les os des caveaux de Saint-Denis, où reposent les restes des rois de France, on a conservé le berceau d'Henri IV. C'est une vénération pour les habitants de cette ville que leur Henri. Sous le règne de Louis XIV ils demandèrent à ce monarque la permission d'élever une statue au Béarnais ; le grand roi ou plutôt Louis le Grand, leur permit de lui élever à lui-même une statue. Les habitants de Pau obéirent : mais ils se vengèrent dans un mot de la vanité ingrate du fastueux monarque. Ils écrivirent au pied de la statue : — A celui qui est le petit-fils de notre Henri.

Mais n'oublions pas le présent pour le passé ; revenons à nos deux ouvriers : leur séjour à Pau fut

4.

long et tranquille ; ils y demeurèrent quelques mois, constamment occupés des travaux de leur état, et s'y perfectionnèrent à ce point qu'Antoine, tout jeune qu'il était, passait pour un des plus adroits serruriers de la ville. Mais, si c'est quelque chose que de bien faire, c'est beaucoup plus de ne pas mal user de son talent. Antoine, ayant appris que le moment était venu de grands travaux qui devaient s'exécuter à Bayonne, s'y rendit avec Joseph. Assurément Antoine n'était pas un méchant garçon, mais il avait pris de l'importance ; il sifflait des romances en travaillant, querellait Joseph d'un air de protection, proposait à tout propos à son maître de le quitter, et fumait volontiers une pipe le coude sur la table d'un cabaret, à côté d'une bouteille qu'il vidait très-bien sans le secours de personne. Tout le profit qu'il tirait de son travail y passait : son père et sa mère étaient oubliés, les leçons du bon curé lui semblaient d'ennuyeux bavardages. La vanité, cette grande ennemie des talents, l'étouffait ; il se voyait déjà riche, et dans sa pensée il se rappelait bien alors quelquefois sa famille, mais non plus pour partager avec elle, c'était pour la secourir; il n'osait pas encore dire : Je ferai l'aumône à mon père et à ma mère, c'eût été infâme. Enfants, à quoi qu'on arrive, quelque chose qu'on soit, on ne donne jamais à son père, on lui rend; lui faire partager sa fortune, ce n'est pas un bienfait, c'est une dette, il n'y a que les vaniteux qui pensent autrement.

Donc Antoine était arrivé à Bayonne; Antoine avait de l'argent, et, comme tous ceux qui comptent sur eux-mêmes comme sur une ressource infaillible, il commença par s'amuser : il visita la ville, le port; il prit un bateau pour faire une promenade en mer, et franchir cette terrible barre qui coupe d'une montagne de flots l'entrée du port de Bayonne. Aux jours de tempête, on dirait les Pyrénées qui continuent dans la mer. Cependant la vanité baissa avec les écus, et Antoine songea à travailler.

Un matin, comme il se rendait de bonne heure

à un atelier où il savait que se confectionnaient d'immenses travaux et où Joseph était employé, il fut très-étonné d'en trouver les portes encombrées d'ouvriers en tumulte, qui criaient entre eux en poussant des imprécations terribles. Il allait entrer quand un grand gaillard vigoureux, l'arrêtant par le bras, lui dit :

— Où vas-tu?

— Demander de l'ouvrage là dedans.

Un coup de poing qui le renversa fut la seule réplique qu'on fit à sa réponse. Antoine n'était pas assez fort pour rendre le coup de poing, et il se croyait un homme déjà trop important pour pleurer. Il est fort gênant en toutes choses de n'être pas à la taille du rôle qu'on veut jouer : la seule ressource d'Antoine fut de vomir des injures contre son antagoniste. Un grand nombre d'ouvriers s'attroupa autour de lui; mais lorsque Antoine eut raconté ce qui lui était arrivé, son étonnement fut grand d'entendre tout le monde crier contre lui : Il a bien fait :

à l'eau le Judas, le traître, le capon ! et si ce n'eût été son enfance, qui fit pitié à quelques-uns, probablement on l'eût jeté dans l'Adour pour le consoler du coup de poing qu'il avait reçu. Cependant il attrapait par-ci par-là quelques bonnes poussées lorsqu'un ami s'interposa tout à coup : c'était Joseph. Il l'arracha des mains de ceux qui se le renvoyaient comme une balle, et leur demanda, avec l'autorité d'un poing qui eût assommé un bœuf, pourquoi ils maltraitaient ainsi cet enfant. Alors tout s'expliqua.

Les ouvriers, instruits que les maîtres avaient des commandes pressées et considérables, avaient le même jour déserté en masse tous les ateliers, et ils ne voulaient y rentrer qu'à condition qu'on augmenterait du double le prix de leur journée, et prétendaient forcer leur camarade à faire comme eux.

— Ces sangsues, criait le grand gaillard qui avait donné un coup de poing à Antoine, ces sangsues se gorgent du fruit de notre travail ; ils deviennent riches, tandis que nous mourons de faim !

— Que ne m'avez-vous dit cela ? s'écrie Antoine, je suis des vôtres, moi. C'est juste, ne travaillons pas, c'est le moyen de devenir maîtres.

— Très-bien! répondirent les ouvriers; voilà un brave petit garçon.

— Antoine, lui dit Joseph en lui parlant tout bas, est-ce que tu vas faire la folie de te mettre avec ces méchants garnements?

— La folie, dit Antoine, serait d'aller travailler pour rien ; est-ce que tu vas à ton atelier ?

— Oui, dit Joseph, je n'ai pas à me plaindre; je ne suis pas si habile que toi, mais je gagne mon pain.

— Je comprends, dit Antoine en le regardant d'un petit air impertinent : tu n'es pas fort, et tu as peur qu'on ne veuille plus de toi si tu te joins à nous; fais comme tu voudras.

— Et toi, comme tu pourras, dit Joseph. Et il s'avança vers l'atelier.

Le grand ouvrier qui en gardait la porte voulut

l'empêcher de passer ; mais Joseph le prit par la ceinture de son pantalon, et le jeta à quatre pas. On s'élança vers lui ; il se retourna comme un sanglier acculé à un mur.

— Que voulez-vous? dit-il à ceux qui étaient près de lui.

— Nous voulons la liberté des ouvriers, qui sont menés par les maîtres comme des esclaves.

— Eh bien, dit Joseph, la liberté c'est de laisser faire à chacun ce qu'il veut ; moi, je veux travailler.

Puis il entra sans que personne osât lui rien dire, parce que, outre qu'il avait raison, il avait les poings les plus renommés de la serrurerie. Antoine haussa les épaules en le voyant entrer, et dit :

— C'est un imbécile.

Joseph lui tira ironiquement son chapeau, et Antoine resta par vanité avec ceux qui l'avaient battu, après avoir insulté celui qui l'avait tiré de leurs mains.

Le refus de travail dura quatre ou cinq jours,

pendant lesquels les maîtres ne voulurent point céder aux demandes des ouvriers. Tout s'était passé paisiblement jusque-là ; mais quelques compagnons se trouvant à bout d'argent, rentrèrent secrètement dans les ateliers. Ceux qui avaient tenu bon, furieux de cette trahison, les attaquèrent un soir qu'ils sortaient de l'ouvrage : il en résulta une rixe dans laquelle il y eut du sang répandu. Au milieu de la mêlée, Antoine attrapa un coup de bâton qui lui fit une blessure à la tête, et il allait être assommé lorsque Joseph, arrivant près de lui, dit au compagnon qui le tenait :

— Laisse là ces apprentis ; ça ne vaut pas la peine d'une chiquenaude.

Antoine fut encore plus colère de cet air de mépris que du coup de bâton qu'il avait reçu ; et, dans sa rage, il frappa Joseph d'un compas en fer qu'il tenait à la main. Joseph tomba, mais, en tombant, il prit Antoine par le bras, et, le tenant de manière à ce qu'il ne pût lui échapper, il lui dit tout bas :

— Si je meurs, Antoine, nourriras-tu ma mère?

Antoine, que son humiliation avait d'abord rendu furieux, mais que le succès de sa vengeance avait épouvanté, n'osa répondre.

— Antoine, répéta Joseph, la nourriras-tu?

— Oui, dit Antoine, oui.

— C'est bien, dit Joseph, sauve-toi.

Antoine voulut s'enfuir, mais pendant ce temps des gendarmes étaient accourus pour séparer les combattants, et Antoine fut arrêté au moment où il jetait son compas ensanglanté. D'abord il fut mené en prison pêle-mêle avec ses compagnons; puis, le lendemain, on le sépara d'eux, et il fut enfermé seul dans un cachot : il y trouva pour toute nourriture un pain noir et de l'eau. Pendant quinze jours, il n'eut point d'autres aliments, et ne put obtenir d'autres paroles du porte-clefs qui lui apportait sa ration que celles-ci :

— Si jeune, être déjà assassin ! Petit scélérat !

Il n'osait demander des nouvelles de Joseph, car

c'eût été dire presque que c'était lui qui l'avait frappé. Enfin un matin on vint le chercher pour paraître devant le juge d'instruction. Au moment où il traversait une cour pour se rendre au tribunal, il sentit une main qui glissait un papier dans la sienne. Il se retourna pour voir qui c'était, mais il n'aperçut qu'une femme que les gendarmes repoussèrent avec violence, et dont les traits lui échappèrent. Cependant Antoine se sentit pris d'un singulier sentiment : il devint à la fois plein de honte et de confiance. Ses yeux n'avaient pas reconnu cette femme, mais il avait deviné de cœur que, devant cette femme, il devait rougir, et que près d'elle il pouvait espérer. Dans un coin de la salle où il fut conduit, il ouvrit le papier, et lut ces mots écrits d'une écriture grossière :

« Nie tout. »

Il fut interrogé, et voulut nier qu'il eût frappé un compagnon ; mais quand on lui présenta le compas et qu'on lui dit que Joseph était mourant à l'hôpital, il se prit à pleurer et tomba à genoux en criant grâce. On l'emmena, et un gendarme lui dit d'un air goguenard :

— Ton compte est bon, va, gamin : quelques années de réclusion, ça te fera l'esprit. Est-ce dommage qu'il n'ait pas seize ans ! On t'aurait guillotiné, cher ami ; ça apprend à vivre.

Antoine rentra dans son cachot ; il y passait tout le jour assis sur la paille qui lui servait de lit. Alors il faisait de cruelles réflexions ; alors il pensait à sa mère et à son père, qu'il avait oubliés et qui l'oubliaient à leur tour ; et il s'accusait avec désespoir, et pleurait avec amertume. Mais il se trompait encore en croyant que sa mère l'avait oublié. Qu'une mère oublie son enfant : il n'y a pour elle ni faute, ni crime, ni cachot ; une mère vient toujours là où son enfant souffre. Un jour qu'Antoine, accablé, dormait dans un coin de son cachot, il entendit ouvrir la porte ; et, à la clarté qui lui descendait par une étroite lucarne, il vit entrer une femme, la même femme qui lui avait remis le billet. Il alla vers elle, et quand il la vit au visage, il tomba à genoux, car il n'osa pas l'embrasser, car cette femme était sa mère; elle l'embrassa, mais en l'embrassant, plus forte que son désespoir, elle lui dit tout bas :

— Ne me demande rien, on nous écoute.

En effet, le geôlier était debout au coin de la porte. Elle fut bien malheureuse, la pauvre femme, car elle ne put pas dire à son enfant qu'elle avait une espérance pour lui. Elle ne put pas lui dire qu'une lettre sans signature lui avait appris où était Antoine; elle ne put pas lui dire qu'elle était partie à pied, dans la nuit, en s'échappant de la maison de son mari, car celui-ci, en apprenant le crime, avait maudit son fils et avait défendu qu'on s'occupât de lui.

Puis elle raconta comment elle avait voyagé avec un écu pour toute ressource, en mangeant du pain, en buvant de l'eau, repoussée souvent comme une mendiante; et à ce récit, Antoine pleurait, et sa mère l'embrassait et pleurait aussi, et lorsqu'il voulait s'écrier :

— Oh ! je suis un monstre ! je suis coupable !

Elle lui mettait la main sur la bouche, car elle n'était pas seule à l'entendre.

Deux jours après, il comparut devant les jurés. Oh ! c'est une épouvantable chose, qu'un tribunal ! Au fond, les magistrats en robe noire, avec leur président en robe rouge ; au-dessus de leur tête, le Christ, comme pour laisser au coupable, qui n'a plus d'espérance sur la terre, une espérance au ciel ; d'un côté, les jurés et l'accusateur public ; de l'autre, un banc pour les accusés, et au bout de la salle, les curieux, les témoins, qui vous regardent, vous insultent de leurs sourires de mépris, de leur murmure de haine.

L'audience fut ouverte ; et après qu'on eut interrogé Antoine, on fit comparaître les témoins. Quelques-uns de ceux qui accusèrent le plus Antoine par leurs dépositions étaient les mêmes qui l'avaient entraîné à se révolter. Ceux-là disaient le reconnaître pour celui qui avait frappé Joseph, d'autres n'osaient l'affirmer : un doute terrible résultait de leurs contradictions. En ce moment, Antoine ne savait s'il devait espérer ou craindre, lorsque tout à coup le procureur du roi se lève et dit :

— Messieurs, la victime de cet assassinat, l'ouvrier Joseph, vient de me faire dire qu'il était en état d'être transporté à l'audience. Vous comprenez qu'un pareil témoignage doit faire cesser tous les doutes : je demande à ce qu'il soit entendu.

A cette nouvelle, il sembla à Antoine qu'il lisait sa condamnation écrite sur le front des jurés, et il se cacha la tête dans ses mains, sans oser regarder sa mère, qui, seule dans un coin, avait pour lui des signes de pitié et d'encouragement. La séance fut suspendue et Antoine put entendre murmurer autour de lui qu'il était perdu, et que ce témoignage allait le faire condamner. Alors arriva Joseph, pâle, affaibli, soutenu par une des sœurs de charité de l'hôpital où on le traitait. On le fit asseoir; et après qu'il eut prêté serment de dire la vérité, le président ordonna à Antoine de se lever, et dit à Joseph :

— Connaissez-vous l'accusé?

— Je le connais.

— N'est-ce pas lui qui vous a frappé de ce compas?

Joseph regarda Antoine en souriant, et répondit :

— Ce n'est pas lui.

L'étonnement et le tumulte qu'entraîna cette réponse empêchèrent de remarquer le trouble d'Antoine et d'entendre le cri de joie de sa mère.

Mais le président, modérant le bruit de la main, dit à Joseph :

— Cependant il était près de vous, ce compas à la main, quand on l'a arrêté.

— Oui, répondit Joseph, il était près de moi.

— Et que faisait-il?

Joseph sembla prêt à perdre connaissance; mais il se remit et répliqua :

— Je croyais mourir, et je demandais à Antoine, qui peut gagner beaucoup, parce qu'il est très-habile, s'il voulait nourrir ma mère dans le cas où je mourrais, et Antoine me le promettait.

Et Joseph, se tournant vers lui, ajouta :

— N'est-ce pas que tu le feras, si je meurs?

Antoine ne put retenir ses cris et ses sanglots ; et peut-être allait-il s'accuser encore, lorsque l'émotion causée par l'effort qu'il avait fait sur lui pour trahir la vérité, effort sublime, mais toujours honteux et condamnable pour une âme élevée, fit rouvrir la blessure de Joseph, et il fallut l'emporter de l'audience tout mourant, lui qui venait de sauver son meurtrier. Cet incident décida de la conviction des jurés, et Antoine fut acquitté. Son premier soin fut de courir avec sa mère à l'hôpital où était Joseph. Quand celui-ci le vit, il lui tendit la main, et lui dit :

— Antoine, tu m'as fait manquer au serment que j'avais fait de dire la vérité ; tiens mieux celui que tu m'as fait, et je mourrai en repos.

Et peut-être serait-il mort s'il n'y avait eu à côté de lui une femme qui lui devait la vie de son enfant, et qui passa, à soigner le blessé, les jours sans aliments, les nuits sans sommeil, toujours là, toujours prête, ayant pour toute force sa reconnaissance de mère dans le cœur; et ce fut elle qui sauva Joseph qui avait sauvé son fils : c'était une dette de mère. Puis, quand il lui fallut retourner à Albi, elle dit au pauvre ouvrier : — Je vous laisse mon enfant, car son père ne le recevrait pas à présent : enseignez-lui à gagner, par sa bonne conduite, le pardon de son père, vous qui lui avez donné le pardon de ses juges.

V

LE COMBAT DE TAUREAUX

Avant d'arriver à Bordeaux où se rendaient Antoine et Joseph, il ne faut pas oublier une petite aventure qui leur arriva, plutôt dont ils furent témoins. En passant à Mont-de-Marsan, le chef-lieu du département des Landes, ils s'arrêtèrent pour voir un spectacle extraordinaire, et qui devient chaque jour plus rare dans le seul pays de France où on le rencontre encore quelquefois ; il s'agit d'un combat de taureaux dont les gens du peuple sont fort avides, et dont les administrateurs tâchent de faire passer l'habitude le plus qu'ils peuvent. Ordinairement ce combat n'est qu'une véritable parodie de ceux qu'on donne en Espagne : c'est une pauvre vache attachée à une corde, que des enfants tourmentent et aiguillonnent jusqu'à ce qu'elle entre en fureur, baisse la tête, et donne de la corne ; alors s enfants saisissent soit une corne, soit l'autre, s) ù toutes deux ensemble, et, suivant avec adresse le mouvement de la tête de l'animal, ils mettent ce qu'on appelle des passes, sautant d'un côté à l'autre de la pauvre bête, quelquefois la franchissant dans toute sa longueur ; j'en ai vu, lorsque la vache était vigoureuse et très-irritée, poser le pied sur son front, à l'instant où elle baissait la tête, et saisir, pour s'élancer à une hauteur considérable, le moment où elle la relève avec force, enlevés par leur propre élan et par l'effort de l'animal. Les uns dans cette partie dangereuse, battent en l'air des entrechats, d'autres y ajoutent le saut périlleux, c'est-à-dire qu'ils tournent sur eux-mêmes avant de retomber par terre. Quelquefois, et particulièrement les jours de foire, des Espagnols amènent leur taureau, et alors le combat a lieu avec toute sa splendeur et tous ses dangers; mais alors aussi il n'est pas permis au premier venu de descendre dans la lice; il faut être de la troupe du toréador qui donne le spectacle, ou avoir fait ses preuves d'habileté.

L'arène est entourée de barrières à hauteur d'appui, comme celles dont on clôt les allées de certaines promenades; comme elles, ces barrières laissent entre leurs extrémités un espace suffisant pour le passage d'un homme; ce passage est coupé à un pied en arrière, par une contre-barrière derrière laquelle le combattant qui fuit le taureau est en sûreté ; car non-seulement celui-ci ne peut passer par l'étroit espace par où l'homme s'est échappé, mais encore lorsque, emporté par la fureur, il s'y précipite et parvient à s'y engager, il est arrêté par la seconde barrière qui traverse le passage. D'une autre part, l'étendue de ce lieu est parsemée de fosses rondes et étroites, en forme de puits, et d'une profondeur de six à sept pieds. Ces fosses sont recouvertes d'une petite trappe qui cède lorsqu'on frappe vivement du pied, et qui permettent à l'homme de s'enfoncer et de disparaître subitement. C'est une chose fort singulière que le passage rapide de l'anxiété la plus violente à un rire immodéré. Lorsqu'il arrive quelqu'un de ces incidents, tout le peuple suit des yeux avec épouvante la course d'un taureau qui poursuit un picador ; vainement celui-ci par mille détours, mille écarts, tente de lui échapper, chaque volte de son antagoniste excite le terrible animal ; enfin le taureau le presse, le malheureux, le touche, l'atteint, il baisse la tête pour le déchirer de ses terribles cornes ; tout à coup l'homme disparaît. Il faut l'avoir vu pour s'imaginer l'air stupide, désappointé et abasourdi du taureau, dans le premier moment de cette disparition. C'est alors que l'attente sérieuse des spectateurs dans une lutte qui peut être mortelle, se change tout à coup, aux éclats de rire et aux cris de joie qui réveillent bientôt la rage impuissante du taureau. A ce bruit, il bat la terre de ses pieds, la laboure de ses cornes, et se précipite avec une fureur aveugle sur les nouveaux ennemis qu'il a rencontrés.

Le jour où Antoine et Joseph furent témoins de ce spectacle, ils en purent admirer toute la prouesse et en juger toute la férocité. Deux taureaux enchaînés avaient été procurés par la ville, et, comme ils étaient fatigués d'une longue route, ils marchaient péniblement : il en résulta des quolibets et un mauvais pronostic du combat qui devait avoir lieu. Parmi ceux qui raillaient le plus les toréadors, était un homme qui logeait dans la même auberge qu'eux, avec Joseph et Antoine. Cet homme, que la mesquinerie de sa dépense rangeait parmi les ouvriers, et les ouvriers pauvres, avait cependant un habit, un habit noir aux manches repliées et graisseuses, un chapeau laissant sur l'oreille une longue touffe de cheveux, un pantalon à la cosaque, et des bottes percées. Après cette description, il n'est pas nécessaire de dire que cet homme était un perruquier-coiffeur.

Comme on était à table, la veille de la représentation, ledit perruquier, qui s'appelait Barbachet, prend la parole, et, d'une voix criarde, il s'adresse au matador à qui appartenaient les taureaux, et lui dit avec l'honorable accent de la plus pure Gascogne :

— Qu'est-ce de ces guenilles de taureaux que vous nous avez montrés? Sandieu, j'ai un roquet, un petit carlin qui n'en ferait qu'une bouchée. Le matador regarda le perruquier dans le blanc des yeux; mais celui-ci sans y faire attention continua paisiblement : — C'est comme ze vous dis ; Zozo est un chien cruel, et il a terrassé plus d'un dogue au combat du taureau à Paris, quand je rasais Sa Majesté Louis XVIII.

— C'est une ville de bourreaux que votre Paris, dit l'Espagnol, une ville de passions où on donne un noble taureau à déchirer à des chiens, au lieu de le combattre bravement.

— Cher chat, répliqua le perruquier, faut pas mécaniser le Parisien, parce que le Parisien combattrait soigneusement l'Espagnol.

— Qu'est-ce qu'il dit? s'écria le matador furieux.

— Rien, reprit un grand Landais (habitant des Landes) qui voulait prévenir une rixe ; il disait qu'il avait rasé Sa Majesté Louis XVIII.

— Ze le dis et je le soutiens, je l'ai rasé, et j'ai rasé aussi l'empereur Napoléon et son auguste famille, l'impératrice Joséphine et le roi de Rome.

— C'est donc à Vienne? lui dit le Landais.

— Eh non! dans son palais des Tuileries.

— Quand ça? quand il avait trois ans?

— Quand ça? reprit Barbachet d'un air majestueux, quand j'étais barbier en chef de la garde impériale, et que j'avais tous les jours deux mille cinq cents hommes à raser avant neuf heures du matin, pour la revue de midi.

— Deux mille cinq cents hommes! s'écria toute la table.

— Deux mille cinq cents hommes, je le dis et je le soutiens, continua le barbier sans s'émouvoir, pas un de plus, pas un de moins.

Tout le monde se regarda stupéfait de la tranquillité du barbier; mais le matador, qui avait sur le cœur l'injure faite à ses taureaux, répondit :

— C'est possible ça, mais il a dit qu'il avait un chien qui mangerait mes taureaux, je voudrais bien voir cette bête-là.

— Je vous le montrerais à l'instant, répondit Barbachet, toujours calme, pendant qu'il écalait des noix avec la pointe d'un couteau ; je vous le montrerais s'il n'avait péri dans le Rhône après en avoir tiré dix-sept cuirassiers qui y étaient tombés ensemble ; la pauvre bête a péri au dix-huitième, en voulant sauver l'homme et le cheval.

A ces mots, Barbachet essuya une larme en penchant douloureusement la tête sur son assiette.

— Ah çà! dit le Landais, vous moquez-vous de nous? dix-sept cuirassiers !

— Dix-sept, je le dis et je le soutiens, et c'est si vrai que le préfet lui a fait élever une tombe avec ces mots gravés en lettres d'or : *Ci-gît Zozo, le sauveur de l'humanité.*

L'admirable sang-froid avec lequel Barbachet passait d'un fait merveilleux à un autre, ne donnait pas aux auditeurs le temps de s'étonner; cependant le matador, qui tenait toujours à l'honneur de ses taureaux, ne faisait attention à rien autre chose, il profita du premier silence, et s'écria :

— C'est possible qu'on lui ait élevé une tombe ;

mais je dis et je soutiens, moi, que votre chien n'aurait pas mordu seulement la queue de mon taureau.

— Je vous dis, reprit doucement le barbier, qu'il l'aurait avalé tout entier, et vous aussi, mon cher ami, si vous aviez fait le méchant.

— Eh bien! s'écria le matador furieux et en se levant, il faut que vous en fassiez autant, si vous ne voulez pas que je dise que vous valez moins qu'un chien.

— Que veut cet homme? dit Barbachet, il veut que je le mange. La fille, la fille! faites rôtir ce monsieur, et apportez-le-moi dans un plat avec une gousse d'ail.

Le matador exaspéré voulut se ruer sur le perruquier; mais les convives, qui s'amusaient de la discussion et des gasconnades de Barbachet, le retinrent; Barbachet, toujours tranquille, leur dit doucement :

— Que faites-vous? lâchez cet homme; je me

soucie de lui comme de cette prise de tabac.

Et, ce disant, il tira une énorme tabatière qu'il ouvrit tranquillement. Le matador exaspéré se débarrassa de ceux qui le retenaient et s'élança sur Barbachet; mais au moment où il allait le prendre à la gorge, toute la tabatière lui fut jetée au visage, dans le nez, dans la bouche, dans les yeux, et le malheureux toussant, éternuant, roulant des yeux effarés et qui ne voyaient plus, se mit à hurler de douleur, ne sachant où il allait, et se heurtant à tous les meubles. Pendant ce temps, Barbachet s'était évadé de la salle, et personne ne put savoir où il avait passé.

Après cela il fallait bien que le matador se calmât, qu'il rafraîchît ses yeux devenus rouges comme des charbons, et qu'il pensât au spectacle qu'il devait donner le lendemain; mais il garda contre Barbachet une rancune de celles qui ne vont pas moins qu'à assommer un homme la première fois qu'on le rencontre.

Antoine et Joseph, qui avaient assisté à cette scène du souper, allèrent se coucher, et le lendemain de grand matin se rendirent aux arènes. Ayant aperçu dans la galerie un groupe d'ouvriers et de paysans, ils s'y rendirent et ne furent pas peu étonnés d'y voir Barbachet qui pérorait avec sa tranquillité ordinaire. Au moment où ils arrivèrent, il finissait un récit en ces termes :

— Je le dis et je le soutiens, on se battit pendant trois jours sur le dos de cette baleine ; il y avait trois mille hommes de chaque côté, avec vingt pièces de canon. Le combat fut terrible, et la victoire allait se décider pour nous, quand la baleine s'étant enfoncée nous disparûmes tous ; je nageai pendant trois jours, et j'abordai dans l'Inde, là où il y a des cannes à sucre et des citronniers, tant et tant, que lorsqu'il fait un orage, les fossés sont pleins de limonade.

Au récit de ces merveilles, l'ébahissement des paysans était au comble. Joseph, ayant abordé Barbachet, lui dit :

— Comment osez-vous paraître ici? le matador est furieux, et il ne parle pas moins que de vous mettre son couteau dans le ventre.

— Mon cher ami, dit Barbachet, vous êtes un imbécile de croire des choses comme ça ; si le matador me regardait seulement de côté je lui tordrais le cou comme je le fis à un brigand de la Calabre, un jour qu'il eut l'imprudence de me demander la bourse ou la vie. Je vais vous conter ça.

L'auditoire devenait plus attentif lorsque les trompettes et une musique guerrière annoncèrent l'arrivée des picadores, des banderillas, des chachellas, de tous ceux qui combattent le taureau ou s'exercent, et enfin du matador lui-même qui est chargé de le tuer.

Ils portaient tous la culotte courte, le bas de soie et les souliers à rosettes de couleur, la veste brodée et la ceinture rouge. Le matador était plus magnifiquement vêtu que les autres. Ils firent le tour de l'arène, et le matador marchait d'un air de triomphe.

Levant fièrement la tête couverte d'une résille en filet d'argent, il avait l'air d'un empereur, et rien ne semblait pouvoir troubler la satisfaction qu'il éprouvait de lui-même, lorsque passant devant la galerie où était Barbachet, celui-ci lui cria :

— Hé ! l'ami, l'ami... Dieu vous bénisse ! et il lui présenta de loin sa tabatière. Le matador devint aussi rouge que sa ceinture ; mais il lui fallut renfoncer sa colère et il se contenta de jeter un regard à Barbachet qui lui promettait une cruelle vengeance ; mais on ne fait pas taire pour si peu un barbier gascon. Et il s'écria :

— Voyez comme ça lui a éclairci les yeux !

Le son d'une trompette annonça le taureau ; on ouvrit la porte de l'écurie derrière les battants de laquelle se cachèrent ceux qui étaient chargés de ce soin, et en trois bonds le taureau si tranquille la veille s'élança au milieu de l'arène. C'est que, pour le rendre furieux, les picadores lui avaient fait, un moment auparavant, de petites blessures où ils

avaient glissé du tabac qui tourmentait l'anima
d'une cuisson horrible. Quelqu'un ayant expliqué
cela à Barbachet, il s'écria :

— Ah! scélérat! il m'a volé mon idée.

Et comme on lui fit observer que c'était une chose
habituelle, il ajouta, en s'adressant au grand Landais qui lui expliquait cela :

— Eh bien! le peuple espagnol n'est pas si bête
que vous en avez l'air.

Le Landais n'y comprit pas un mot. Alors commença le combat ; d'abord les chachellas et les banderillas l'agacèrent en agitant devant lui leurs écharpes rouges ; puis, quand il commença à s'animer, ils
lui lancèrent de petites flèches à pointes recourbées
qui s'accrochaient à sa peau; ces petites flèches
étaient garnies de papiers de couleur, frisés, et qui
faisaient un bruit singulier en frappant sur les flancs
du noble animal : il s'élançait pour fuir ces piques
et ce bruit, mais il emportait avec lui tous ces panaches de papier qui l'épouvantaient. Les banderillas

acharnés à sa poursuite l'accablaient de flèches, et bientôt il courut dans l'arène comme un faisceau énorme de rubans de toutes couleurs qui volaient et bruissaient ensemble. Bientôt la rage fit place à la peur, et alors il s'arrêta, puis choisissant de l'œil un ennemi parmi tous ceux qui l'entouraient, il s'élança droit sur lui ; mais avant qu'il fût arrivé, dix écharpes lui avaient été jetées devant les yeux et l'avaient détourné, ou bien, lorsqu'il dédaignait ces nouvelles attaques, le banderillo l'attendait, et, au moment où il semblait près d'être enlevé sur les cornes de l'animal, il se jetait légèrement de côté. Le taureau, lancé comme une balle, dépassait le but et sentait une nouvelle flèche s'attacher à son flanc. Cet exercice dura assez pour que le taureau fatigué se montrât insensible à toutes les attaques qu'on lui faisait : il allait d'un pas lent dans l'arène, la blanchissant de son écume et la rougissant de son sang. Alors on employa le dernier moyen d'exciter sa fureur ; de nouvelles flèches lui furent lancées ; mais au bout de ces flèches il y avait, au lieu de panaches de papiers, des pièces d'artifice enflammées qui partaient de tous côtés. A cette nouvelle attaque, le taureau sembla se ranimer ; mais bientôt, couvert de ces traits enflammés qui éclataient avec bruit, il reprit toute sa rage ; les papiers des premières flèches s'enflammèrent, et le taureau parcourut l'arène comme un tourbillon de feu et de fumée : à peine si on le voyait à travers les flammes qui l'enveloppaient ; il bondissait à une hauteur extraordinaire, en poussant des mugissements épouvantables : c'était un délire de rage qui tenait les spectateurs dans un effroi indicible. Tout à coup, à un signal donné, tous les combattants de l'arène disparaissent, et le matador s'élance seul, armé de son court coutelas ; le taureau était à une extrémité de l'arène, et le matador à l'autre. L'incendie des flèches s'éteignait ; mais les atroces brûlures qui avaient rongé la peau du misérable taureau lui donnaient une force de fureur inouïe. Il s'arrête, regarde, et ne voit qu'un ennemi devant lui; il jette un mugissement où il y avait presque une impression de joie, et se précipite sur le matador : celui-ci pose avec grâce, le couteau à la hauteur de l'œil, la main gauche appuyée sur la hanche ; tout le monde se taisait d'épouvante. Rapide comme un boulet, le taureau traverse l'arène, arrive sur le matador, baisse la tête et tombe frappé au cou d'une blessure large, profonde, mortelle, qui avait tranché la vie comme un fil coupé. Jamais anéantissement ne fut si rapide ; il n'y eut ni efforts pour se relever, ni râlements : le taureau tomba, et tomba mort. Les cris d'admiration, les applaudissements les plus fanatiques récompensèrent le matador de son courage et de son adresse. Il prit fantaisie à Antoine de voir quelle figure faisait Barbachet. Celui-ci savourait tranquillement une prise de tabac.

— Eh bien ! monsieur, que dites-vous de cela ?

— Sandieu ! j'ai eu peur un moment que ce taureau ne tuât mon homme.

On mit le taureau sur une claie, et deux mules le

promenèrent dans l'arène. Le matador qui le suivait regarda Barbachet d'un œil de triomphe et de menace, et lui montra le taureau du doigt.

— Connu, connu, mon cher, dit Barbachet, nous l'avions farci de tabac pour l'exciter et l'abattre; j'en fais toujours autant pour les animaux que je veux tuer.

Le matador rugissait de colère au milieu de sa joie. Enfin le spectacle cessa, et, après qu'on eut promené le taureau par la ville, chacun rentra chez soi, et les Espagnols en leur auberge. Ils y trouvèrent Barbachet qui, le dos à la cheminée, se curait les dents avec une allumette en attendant le dîner. Le matador s'élança vers Barbachet en lui criant :

— A nous deux, maintenant !

— A quelle arme? dit tranquillement Barbachet; est-ce au poing, à l'épée, au pistolet, au sable ou au tabac?

Le matador le regarda d'un air étonné, et lui dit : Est-ce que vous êtes digne de vous battre à l'épée ?

— Ah! dit Barbachet, c'est à l'épée ? bien, à l'épée, soit.

Puis il tira un carnet de sa poche, et ajouta froidement.

— Vous serez le cinquante-quatrième.

Il feuilleta son carnet et dit :

— Ce n'est pas ça ; ceux-ci sont ceux que j'ai expédiés au sabre ; il y en a cinquante-neuf.

Il tourna encore deux feuillets.

— Ce n'est point encore ça ; ceux-ci sont ceux que j'ai tués au pistolet ; il y en a trente-trois. Ah ! voici ; voyez le titre : Liste de ceux que j'ai tués à l'épée. Je ne vous trompe pas, voilà le numéro cinquante-trois ; vous aurez le numéro cinquante-quatre. Vous devriez le mettre à la loterie, ça vous porterait bonheur, et, mon cher, quand on n'est pas riche...

— Avez-vous bientôt fini? s'écria le matador furieux.

— Un moment, mon cher, il faut faire les choses

en règle. Je tiens mes comptes comme un banquier. Votre nom ?

— Qu'importe mon nom ?

— Mon cher, je ne me bats jamais avec un inconnu. A propos, avez-vous une femme ?

— Eh bien ! j'ai une femme, répondit le matador.

— Ah ! s'écria douloureusement Barbachet ; pauvre veuve ! Avez-vous des enfants ?

— Oui.

— Pauvres petits orphelins !!! reprit Barbachet. Votre nom, s'il vous plaît ?

— Ah ! c'en est trop, reprit le toréador furieux, emporté par sa colère, et il s'avança sur Barbachet. Celui-ci se recula d'un pas en ouvrant sa tabatière, et le matador se recula aussi, croyant déjà sentir son gosier et ses yeux pleins de cette poudre infernale.

— Mon cher, puisque vous êtes Espagnol, lui dit Barbachet, vous devez être gentilhomme, car ils le sont tous, et vous devez savoir le proverbe : Jeux de mains, jeux de vilains. Je vous demande votre nom?

— Si je vous le dis, vous battrez-vous?

— Comme vous voudrez.

— Eh bien ! je m'appelle Josè Torrès.

— Qu'est-ce que vous dites là ! s'écria le barbier ; répétez, mon cher, vous dites Josè Torrès?

— Oui, Josè Torrès.

— Hai! oh! misérable ! Oh ! heu! infâme que je suis! Josè Torrès ! vous êtes Josè Torrès? Oh! pardonnez-moi, mes pauvres neveux, pauvre sœur ! Oh! hou ! heu ! bourreau de ma famille ! Tu ne te corrigeras donc jamais, misérable! Une mauvaise tête te fera donc devenir une véritable bête féroce ! Ah ! mon Dieu ! mon Dieu !

Et en parlant ainsi, il sanglotait et se donnait des coups de poing dans la tête, il marchait comme un insensé, puis il s'adressa tout à coup à Joseph, et lui dit d'un air désespéré :

— Mon cher! je suis un drôle, un scélérat. Cet homme que vous voyez là, ce brave, ce héros que j'allais enfiler comme une grive; eh bien! c'est mon frère.

— Votre frère ? dit le matador, votre frère ?

— Oui, mon frère, le mari de ma sœur, Louise Barbachet.

— Qui êtes-vous donc?

— Eh pardieu! je suis Athanase Barbachet, renommé sous le nom d'Amadis.

— Ah! dit le matador, qui ne savait plus que faire, vous êtes Athanase Barbachet.

— Je suis Athanase Barbachet. Eh! la fille! remettez les épées dans ma chambre et servez-nous à souper. Le matador n'était pas trop content, il n'avait pas pu encore digérer le tabac que son beau-frère lui avait fait avaler; celui-ci avait beau lui tendre la main en l'appelant son frère, son cher ami, le matador rechignait à la reconnaissance et surtout à la réconciliation.

— Mais qui me prouve que vous êtes Barbachet ? lui dit-il brutalement.

— Si je suis Barbachet ! s'écria le barbier ; mais s'il t'en faut une autre preuve que la douleur que j'ai éprouvée en pensant que j'aurais tué mon frère, regarde, qu'est-ce que tu vois ?

— Rien.

— Quoi ! rien, dit Barbachet en ouvrant la bouche d'une manière immense. Comment ! tu ne vois pas qu'il me manque trois dents.

— Eh bien ?

— Eh bien ! qu'est-ce qui me les a cassées ces trois dents ? qu'est-ce qui a déparé la plus belle figure de la Gascogne ?

Le matador se mit à rire.

— C'est vrai que j'ai cassé trois dents d'un coup de poing à mon beau-frère, un jour que je le surpris pendant qu'il buvait mon vin de Malaga que j'avais enfermé dans une cruche cachetée

— Eh! brutal, est-ce que c'est moi qui l'avais bu, puisque le cachet était intact?

— Oui, sans doute, dit le matador; mais tu avais fait un petit trou dans le fond de la cruche.

— Alors, pourquoi est-ce que le vin manquait par-dessus? dit le barbier.

Cette question embarrassa le matador, qui aima mieux en finir en disant :

— C'est bon, je crois que tu es mon frère; mais qui diable te ramène dans ce pays après quinze ans d'absence, toi qui ne voulais revenir que millionnaire?

— Bah! millionnaire, ce n'est rien, mon cher; j'ai fait autrefois fortune, mais j'ai éprouvé des malheurs; soupons, et je vous conterai cela.

— Volontiers! s'écria toute l'assemblée.

Pendant qu'on se mettait à table, un des banderillas dit à Josè : Il t'avait reconnu, et savait bien ce qu'il faisait.

— Mon cher, lui dit Barbachet, est-ce que vous avez envie du numéro cinquante-quatre?

— Bah! dirent les assistants, assez de querelles, racontez-nous votre fortune.

— Après souper, dit Barbachet. Ah! voici le moment où les trois dents que tu m'as cassées me font mal comme si j'étais au jour où je les ai perdues; c'est égal, la paix est faite. Veux-tu une prise?

Et il présenta sa tabatière à son beau-frère en le regardant d'un air narquois.

— Est-ce que c'était une vengeance? dit l'Espagnol.

— Mon frère, répondit le barbier, tu es Espagnol, et tu ne sais pas le proverbe gascon qui dit : Le rasoir d'un barbier gascon est plus long que la flamberge d'un Castillan.

— C'est-à-dire qu'il n'oublie jamais le mal qu'on lui fait.

— Et qu'il se venge toujours.

VI

Si nous rencontrions souvent des bavards aussi déterminés que Barbachet, nous n'avancerions guère dans notre tour de France; mais enfin nous en voilà délivrés, et si vous voulez suivre Antoine et Joseph, vous entrerez avec eux à Bordeaux par la place d'Aquitaine. Il me semble que depuis quelque temps nous faisons ensemble assez de contes pour que vous vouliez bien écouter ici un peu d'histoire. Nous n'userons guère de la permission que lorsque nous rencontrerons sur notre chemin quelque ville importante et dont il ne vous est pas permis d'ignorer l'origine. D'ailleurs, pour ne pas rendre cette instruction fatigante, nous la ferons en nous promenant à travers la ville. Car, à moins d'avoir été rasée et labourée, une ville garde toujours quelque chose de sa vieille existence; quelque grand débris debout parmi les constructions modernes, quelque changement qu'on lui ait fait subir. D'abord nous remarquerons ce nom donné à la première place qu'on rencontre en entrant dans Bordeaux par la route de Toulouse. C'est le nom que les Romains donnèrent au pays dont Bordeaux devint la capitale, et qui s'appelait seconde Aquitaine. On suppose qu'elle doit son origine aux habitants du Berry, qui, fuyant devant la conquête de César, vinrent se réfugier sur les bords de la Garonne, alors couverts de marais et de forêts impénétrables. Plus tard Germanicus s'en empara, et l'an 16 de l'ère chrétienne, il y faisait le dénombrement des Gaulois. Il ne reste d'autre trace à Bordeaux de cette domination romaine que les ruines d'un cirque pour le combat des bêtes féroces ; cirque improprement appelé *Cirque de Galien*, parce qu'on supposait qu'il avait été bâti par cet empereur. Il paraît certain qu'il fut construit en 260 par Tetricus, gouverneur des Gaules, qui s'y fit proclamer empereur. En disant que ce monument demeure seul de la domination romaine, nous disons bien, car le nom d'Aquitaine disparut en 1152 pour faire place à celui de *Guyenne*, qui est demeuré le nom de cette province, jusqu'à ce que la division de la France par départements ait fait disparaître toutes les dénominations qui souvent rappelaient plutôt des temps de misère et d'invasion que de glorieux souvenirs. Éléonore d'Aquitaine, femme de Louis le Jeune, et répudiée par lui à cause de ses crimes, donna le duché à l'Angleterre en se remariant avec Henri II.

Avant cet événement, qui sépara la Guyenne de la France, Bordeaux eut à subir la misère commune à toutes les cités dans ces époques de barbarie. Ainsi, en 417, elle fut saccagée par les Visigoths qui l'occupèrent jusqu'à ce qu'ils en fussent chassés par Clovis, et, en 729, elle fut de nouveau ruinée de fond en comble par les Sarrasins, qui furent exterminés à leur tour par le fameux Charles-Martel.

De 1152 à 1293, pendant un siècle et demi, la Guyenne, comme la Normandie, fut une province entièrement anglaise. Ce fut Philippe le Bel qui commença à attaquer l'usurpation des étrangers, grâce au courage et à l'indépendance des seigneurs gascons, qui supportèrent toujours avec impatience le joug de l'Angleterre. Cependant la ville de Bordeaux appartenait encore aux Anglais, et ce ne fut que vers 1451, sous le règne de Charles VII, que le brave Dunois la conquit à tout jamais à la France.

Si la place d'Aquitaine nous a donné lieu à une si longue digression, nous pourrions rendre la promenade de nos lecteurs plus longue qu'ils ne voudraient, mais nous ne les arrêterons qu'aux endroits vraiment intéressants. Ainsi, en continuant notre route, nous laisserons de côté l'hôpital des Incurables, et nous arriverons au nouvel hôtel de ville. Il est situé à côté de l'ancien hôtel de ville, et n'offre rien de remarquable. Il reste de l'ancien une tour nommée la tour de l'Horloge, qui a longtemps passé pour une merveille. La cloche de cette tour pèse

15,500 livres, et a six pieds de hauteur sur dix-sept de circonférence.

Cette partie de la ville de Bordeaux, comme tout ce qui est d'une ancienneté un peu reculée, est un amas de rues tortueuses et malsaines ; mais du moment qu'on arrive à la ville neuve, on se trouve dans une des plus belles cités de la France, et Paris avec tout son luxe de monuments n'a pas un quartier aussi complétement beau que celui où se trouvent réunis la place Royale, la bourse, la douane, la place de la Comédie, le grand théâtre, les allées de Tourny, etc. Si l'on ajoute à cela l'immense mouvement du quai qui borde la place Royale, ces innombrables matelots et portefaix qui chargent et déchargent des marchandises du monde entier, ces navires qui entrent dans le port et en sortent majestueusement, ces mille canots qui courent sur la rivière, et au bout de tout cela le pont qui franchit la Garonne sur dix-sept arches et se développe sur une longueur d'un demi-quart de lieue, on comprendra qu'on a vu un des plus beaux aspects qu'on puisse imaginer. Ce fut le dernier siècle, c'est-à-dire le XVIIIe, qui valut à Bordeaux la plupart de ses embellissements. La place Royale fut construite en 1733. Bordeaux, en élevant une statue à M. de Tourny, n'a fait qu'acquitter une dette de reconnaissance. C'est à lui qu'on doit le plan de ce magnifique quartier dont nous venons de parler ; l'alignement et la plantation de ces superbes promenades qui portent son nom, sous celui d'allées de Tourny, boulevard de Tourny. Si le grand théâtre fut achevé sous le gouvernement de M. de Richelieu, c'est parce que le temps manqua à son prédécesseur pour mener à fin toutes ces reprises.

Ce théâtre est sans rival, non-seulement en France, mais encore en Italie, dont on cite les théâtres comme de beaucoup supérieurs à ceux de Paris. C'est un vaste monument dont la façade est sur une large place, et qui est bordé sur les trois autres côtés par trois grandes rues. Le théâtre renferme, outre la salle des représentations qui peut contenir quatre mille spectateurs, d'immenses appartements occupés aujourd'hui par un cercle ; réunion où les plus riches Bordelais se rendent pour lire les journaux, causer d'affaires et jouer. La passion du jeu est excessive à Bordeaux, et le luxe n'y est pas moindre qu'à Paris. C'est une ville où domine l'esprit spéculateur et hardi du grand commerce. Il semble que sa longue réunion à l'Angleterre et que les rapports fréquents avec elle lui ont donné quelque chose des habitudes industrielles du peuple anglais. Le commerce des vins de Bordeaux, qui vont en majeure partie réjouir les longs dîners des lords de la Grande-Bretagne, peuple Bordeaux d'une quantité d'Anglais qui lui inspirent sans doute l'amour des grandes entreprises.

Ce qui complète la supériorité de Bordeaux sur toutes les villes de l'ouest et du midi de la France, c'est le pont par où l'on y arrive lorsque l'on vient de Paris. Les difficultés qu'il a fallu vaincre pour sa construction ont exigé l'invention de machines nouvelles, et les travaux, commencés en 1810, ne furent terminés qu'en 1821. Parmi tout ce luxe, une chose de première nécessité manque à Bordeaux : c'est une eau saine et potable. Celle de la Garonne ne peut se boire, non à cause du flux de la mer, quoiqu'il s'y fasse fortement sentir, mais parce qu'elle est toujours chargée de boue et d'une vase qui lui donnent un goût détestable.

Lorsque Antoine arriva à Bordeaux, il fut ébahi de la splendeur de ces maisons construites en pierre de taille, et de ces rues tirées au cordeau. Cependant c'est à peine s'il prit le temps d'admirer, et dès le premier jour de son arrivée il se rendit chez un maître pour demander de l'ouvrage. Il se souvenait de sa faute à Bayonne, et avait à cœur de la réparer. Mais Joseph l'arrêta, en lui disant :

— N'y a pas besoin de se presser comme ça, Antoine; c'est pour toi que je dis ça; moi je ne me fie pas à ceux-là à qui, après une faute, il prend des rages de travail si soudaines qu'ils s'y mettraient volontiers comme s'ils avaient le feu au derrière ; vois-tu, quand l'amour du travail n'est qu'une boutade, ça tombe bientôt comme un feu de paille ; pour moi, j'aime mieux ceux qui s'y mettent tranquillement : d'ordinaire ça leur dure plus longtemps ; et vois-tu, Antoine, il n'y a rien qui vaille le temps : l'activité la plus prompte, lorsqu'elle n'est pas persévérante, ne vaut pas la lenteur qui s'acharne à la même chose. Demain il sera temps de commencer ; mais à partir de là, adieu au cabaret et aux plaisirs. Ainsi, amusons-nous aujourd'hui. Nous irons dîner au restaurant, et de là nous irons au spectacle.

— Au spectacle ! où ça ? dit Antoine.

— Au grand théâtre, donc ! au paradis, vois-tu... N'y a rien de trop beau pour moi quand je m'en mêle.

Ceci étant décidé, Antoine et Joseph entrèrent chez un restaurateur. Antoine était tremblant pour deux raisons que je voudrais bien vous faire comprendre. La première, c'était le remords d'une première faute, qui fait croire à celui qui l'a commise que tout le monde la lit sur son front ; la seconde est ce tact qui appartient à certains individus des classes les plus pauvres, et qui leur fait sentir qu'ils ne sont pas à leur place, même lorsqu'ils espèrent arriver plus tard aussi haut que ceux qui les entourent. C'est en cela que le peuple français a une admirable délicatesse. Faites qu'il ne croie pas, dans une réunion, qu'on veut le molester ou l'humilier, et alors vous le trouverez rempli pour tout le monde de respects et d'égards que n'ont pas le plus souvent les gens qui se disent du bon ton. Qu'une femme du monde passe dans une foule d'ouvriers accompagnée d'un dandy, personne ne se dérangera. Le *moussurat* (le petit monsieur, comme disent les Gascons) est là pour la protéger, et tant pis s'il ne réussit pas. Mais que cette femme se trouve seule ou avec un faible enfant dans une multitude tumultueuse, chacun s'écartera pour la laisser passer, et s'il se trouve un obstacle, on le dérangera ou on aidera la dame à le franchir. C'est qu'alors le peuple se sent fort, et qu'on est volontiers généreux quand on éprouve ce sentiment.

Joseph, quoiqu'il fût un digne et brave garçon, n'avait pas cette délicatesse qui distinguait Antoine ; il était aussi à son aise dans les salons dorés du restaurateur que s'il eût été dans l'arrière-cabinet d'un bouchon obscur. Il se sentait de la vigueur dans les poings et de l'argent dans sa poche, les deux grands pouvoirs qui font respecter un homme par ceux qui ont affaire à lui. Cependant Joseph comprit que sa tournure et sa mise ne devaient pas donner une grande idée de sa richesse ; aussi voulut-il en donner des preuves manifestes. En s'asseyant, il fit sonner une douzaine d'écus de cent sous qui étaient dans son gousset, et il appela le garçon d'une voix terrible, en donnant sur la table un si grand coup de poing, que les verres, les assiettes et l'argenterie en ressautèrent en l'air, et qu'un petit monsieur, qui était à la table à côté de la sienne, en avala de travers une cuillerée de potage brûlant, qui le fit tousser à étrangler, tandis qu'il disait entre ses dents : « Brutal!... ivrogne!... »

— Buvez un verre d'eau, ça se passera, lui dit tranquillement Joseph.

— Que veut monsieur? dit le garçon.

— Ce qu'il y a de plus cher.

Quand on n'a pu apprendre ce qu'il y a de meilleur, on pense que le plus cher est le meilleur. Cela devrait être.

— Monsieur veut-il des huîtres?

— Qu'est-ce que c'est que des huîtres? est-ce bon?

— Excellent.

— Les gens comme il faut mangent-ils des huîtres?

— Tous.

— Donne-nous des huîtres.

— Combien de douzaines?

— Ah ! c'est par douzaines ? Eh bien, six douzaines ; et du vin, du chenu, de l'apprivoisé, qui entre tout seul.

— C'est bien, monsieur.

Et Joseph s'établit sur sa chaise en se dandinant et en sifflant *la Parisienne*. Antoine lui faisait signe de se taire, car tout le monde regardait.

— Bon... très-bon... disait Joseph ; si ça les amuse, ça m'amuse.

On apporte des huîtres. Jamais Joseph ni Antoine n'avaient vu des huîtres.

— Quoi-ce que c'est ça? dit Joseph. Veux-tu m'ôter ça, drôle, c'est dégoûtant !

— Ce sont des huîtres que monsieur a demandées.

— Ça se mange, ça ?

— Mais, oui vraiment.

— Ne te moque pas de moi, ou gare !

— Demandez à ces messieurs.

— Allons, goûte donc, Antoine. Ma foi, je n'en mourrai pas.

Il avala une huître.

— Assez comme ça. Heu!! quelle saleté!... Athc! heu! assez... donne-nous autre chose.

— Monsieur veut-il un perdreau?

— Ah! oui, un perdreau; c'est connu, un perdreau. Va pour un perdreau, et un peu gras, l'enfant, perdreau de première qualité.

Le perdreau vint, et en trois bouchées il s'en alla dans le gouffre de Joseph et dans le robuste estomac d'Antoine.

— C'est pas mauvais, dit celui-ci; pourtant ça a une petite odeur.

— Je n'osais pas te le dire, reprit Joseph, une odeur suffocante. Dites donc, garçon, il puait fièrement votre perdreau!

— Oui vraiment! il était d'un fumet excellent.

— C'est possible; mais je te dis qu'il n'y a pas de fumée qui ait cette odeur-là!

— Monsieur veut-il du poisson?

— Oui, du poisson, et de mer encore.

— Du saumon ?

— C'est ça, du saumon ! J'en ai entendu parler à un maître qui disait que c'était un plat superlatif. Buvons. Qu'est-ce que tu dis de ce vin-là, Antoine ?

— Mais il est bon.

— Ça... c'est comme de l'eau de savon ; ça n'a pas de montant ; ça n'a pas ce vrai petit goût qui prend à la gorge. On ne sent pas ce qu'on boit.

Le saumon arriva.

— Il n'y en a guère.

— Pour deux, monsieur.

— Voyons.

On attaqua le saumon.

— C'est des tranches de veau à la broche qu'il nous a données là ! s'écria Joseph.

— Eh non ! dit Antoine, tu vois bien les arêtes.

— Eh bien, alors c'est du veau marin. Est-ce que ça sent quelque chose ?

— Oui, ça a un petit goût.

— Allons donc ! à la bonne heure un hareng, ça

se respire, ça flatte l'odorat. Assez de saumon.

Le garçon revient.

— Que veut monsieur ?

— Je veux du bon, garçon du diable ! Attends ; laisse-moi chercher. Tiens, toi, Antoine, lis la carte.

Antoine prit la carte et lut au premier endroit venu.

— Entremets sucrés.

— A la bonne heure ! des plats sucrés, c'est fameux. Lis un peu.

— Beignets de pommes.

— Connu. Je hais les beignets ; ça étouffe d'abord, et puis ça ne tient pas sur l'estomac.

— Omelette sucrée.

— Tiens, c'est drôle ; mais j'en ai assez d'omelettes : on ne mange pas de ça à Gaillac. Vois-tu, à Gaillac, c'est un pays d'omelettes ; ils les aiment tant qu'ils s'en mettent sur le ventre en guise de cataplasme, et puis ils les mangent après. Voyons toujours.

— Charlotte russe.

— Qu'est-ce que tu dis?

— Charlotte russe.

— Oh! cette bêtise! j'ai une cousine qui s'appelle Charlotte-Luce. Est-ce que c'est un plat, Charlotte?

— Dame! c'est écrit.

— Fameux! Tiens, je dirai ça à ma cousine : ça lui fera plaisir d'avoir un nom de plat. Faut en manger en souvenir d'amitié pour elle.

— Garçon, une charlotte russe.

On apporta la charlotte et on la mangea.

— Ah! ça, c'est bon, disait Joseph en léchant ses doigts et rabaissant jusqu'à sa bouche la crème qui s'accrochait à son nez, mais ça n'est pas lourd.

— Qu'est-ce que ces messieurs prennent pour dessert?

— De quoi? du dessert? je crève de faim. Et toi Antoine?

— J'ai encore de l'appétit.

— Ces messieurs veulent-ils des légumes ?

— Pour nous dégraisser les dents, n'est-ce pas ? merci. Tiens, garçon de malheur, laisse-moi un peu choisir.

Antoine lui lut la moitié de la carte. Enfin Joseph s'arrêta.

— Vois-tu, c'est pas ça. Eh! garçon, ici un peu. Voyons, reprit-il tout bas, sois bon enfant. Tu pourrais pas nous avoir une tranche de lard sur des choux... et un peu pas mal grosse.

— A l'instant, monsieur.

— Pas une lichette comme pour enfiler une aiguille.

— Je vois bien que la bouche de monsieur est plus grande que le chas d'une aiguille.

Enfin, après les huîtres, le perdreau, le saumon, la charlotte, arriva le lard au chou, et Joseph commença à dîner.

— A la bonne heure, disait-il à chaque bouchée, ç'a un petit goût de salé qui dessèche la rg Garçon, du vin !

— Est-ce du même ?

— Du plus fort ; ça m'est égal s'il est moins cher.

La vanité de Joseph était à bout : son gosier l'avait averti qu'il n'était pas où il devait être ; il en prit gaiement son parti et montra même de l'esprit, car lorsqu'il fallut acquitter la carte, il paya rondement sa sottise sans lésiner. Puis il dit aux personnes qui étaient dans la salle :

— Bien du plaisir, vous autres ! Je ne vous dis pas au revoir.

En sortant de là, ils allèrent au spectacle. Nous ne raconterons pas l'effet que leur produisit la représentation du *Misanthrope* et de *Robin des Bois*; et même nous n'aurions pas raconté cette journée, si elle n'avait été pour Antoine le point de départ d'une vie toute nouvelle. En sortant du spectacle il fallut que Joseph et Antoine regagnassent la petite rue du quartier des Chartrons, où ils étaient descendus ; ils se croyaient bien sûrs de reconnaître leur chemin, lorsque après une demi-heure de marche ils s'aperçurent qu'ils ne savaient plus où ils étaient. Les réverbères ne donnaient pas assez de clarté pour lire les noms des rues, et d'ailleurs Antoine eût pu le faire, que cela ne lui eût servi de rien. Au moment de leur plus grand embarras, ils voient une porte s'ouvrir et deux hommes en sortir précipitamment. Joseph s'approche d'eux et leur dit poliment :

— Pourriez-vous nous dire, messieurs, par où on arrive à la rue de... là où demeure la mère des serruriers ?

A ce mot de serrurier, l'un des hommes se recule ; mais l'autre dit vivement :

— Voilà notre affaire... Vous êtes serruriers ?

— Oui, monsieur.

— De Bordeaux ?

— Non.

— Mais vous y êtes depuis longtemps ?

— Depuis aujourd'hui.

L'un des inconnus se pencha vers son camarade et lui dit tout bas :

— C'est comme un fait exprès.

— Ainsi, reprit l'autre, vous n'avez d'engagement avec aucun maître, et vous pourriez disposer de quelques jours en faveur d'un bourgeois?

— Bien certainement.

— Eh bien, suivez-nous.

— Où ça?

— Dans une maison où vous serez bien logés, bien nourris, bien chauffés, et où vous trouverez tout ce qu'il faut pour travailler.

— Et notre domicile donc? dit Antoine.

— Nous enverrons dire qu'on ne vous y attende pas de huit jours.

— Mais on ne fait pas un marché comme ça sur le pavé, dit Joseph, et à minuit encore!

— C'est à prendre ou à laisser. Huit jours à deux louis par jour. Vous allez monter avec nous en voiture, et vous ne saurez pas où l'on vous conduira.

— Merci! dit Joseph, quelque guet-apens, ou

peut-être quelque scélératesse, qui sait? Merci, bonsoir.

— Qui sait, dit tout bas Antoine en attirant Joseph de son côté, ils ont l'air de gens comme il faut. C'est peut-être une bonne affaire.

— Il n'y a pas de bonne affaire quand elle ne se fait pas en plein jour. Je n'y vais pas.

— Eh bien, si tu as peur, j'irai, moi.

— Tout seul?

— Tout seul.

— Sans moi, Antoine? sans moi?

— Dame!... puisque tu ne veux pas venir.

— Eh bien, soit! dit Joseph; j'ai une idée : j'irai aussi... Viens.

— Eh bien! dit un des inconnus, êtes-vous décidés?

— Décidés.

Ils frappèrent à la maison d'où ils venaient de sortir. Une voiture était prête dans la cour.

— Est-ce fait? dit quelqu'un comme ils entraient.

— C'est fait.

— Partons ; il est bientôt une heure.

— Allons, en voiture, messieurs, dit l'inconnu aux ouvriers.

Ils les firent monter dans une berline; mais ils ne furent pas plus tôt assis, qu'on ferma la portière sur eux et que la voiture partit au grand galop.

VII

FORTUNE ET CONCLUSION

Depuis une heure nos deux compagnons, enfermés dans la voiture comme dans une prison, face à face avec les personnages muets qui les avaient embauchés, roulaient sans avoir pu rompre une seule fois le silence. Joseph, fatigué de sa journée et des réflexions sans fin qu'il faisait sur les suites de sa nouvelle condition, s'endormit d'un profond sommeil, se confiant d'ailleurs en sa force en cas d'attaque ou d'accident. Antoine, qui ne se sentait pas si vigoureux, et à qui surtout la conscience reprochait d'avoir entraîné son camarade dans cette voie hasardeuse, était loin d'être aussi tranquille. Il fermait bien les yeux, mais mille inquiétudes lui travaillaient l'esprit.

La voiture, qui jusqu'alors avait toujours roulé sur des pavés, prit un chemin de terre, et l'on n'entendit plus qu'un bourdonnement sourd et égal, au lieu du bruit étourdissant et saccadé du fer cahoté sur la pierre.

Les deux personnages profitèrent de ce silence et du sommeil de leurs recrues, pour échanger quelques mots ensemble.

— A trois heures, nous serons certainement arrivés, et si Jacques est à son poste, il ne sera pas nécessaire d'arrêter la voiture.

Antoine fit un léger mouvement.

— Il y sera, — dit l'autre : — et d'ailleurs, il entendra la voiture, et aura bien le temps de se tenir prêt.

Antoine fit encore un mouvement.

— Quelle nuit noire! le hasard ne pouvait pas mieux nous seconder.

— Jusqu'ici tout va bien, mais la suite...

Et le silence ne fut plus interrompu.

Antoine poussa un profond soupir, car depuis longtemps il ne respirait pas à son aise. Il se rapprocha de Joseph, se mit à remuer de manière à le toucher, sans avoir l'air de chercher à l'éveiller : le sommeil de Joseph ajoutait encore à son inquiétude. Si Jacques est à son poste, — pensait-il, — que mon camarade et moi soyons aussi solides au nôtre!

Mais Joseph restait toujours insensible, lorsqu'un coup de sifflet, parti de la voiture, fit se dresser nos deux jeunes gens d'un seul bond.

— De quoi! — s'écria Joseph, qui avait presque tout oublié dans son sommeil, — où sommes-nous? que voulez-vous?

— Un instant, encore, mes amis, dit l'un des deux messieurs, — et vous allez savoir ce que nous vous voulons.

— Au fait, reprit Joseph, — qu'est-ce que tout cela veut dire? j'aime à voir clair à mon ouvrage.

— C'est vrai, — dit Antoine, qui se sentait fort de la force de son camarade, — pourquoi ne pas s'expliquer tout de suite?

— Si c'est le coup de sifflet que vous venez d'entendre qui vous effraye, — reprit le monsieur, — je puis vous dire que c'est le cocher qui prévient le concierge de la maison de son arrivée, afin que celui-ci tienne la porte ouverte. Du reste, nous voici au terme de notre voyage.

En effet, la voiture s'arrêta devant une espèce de perron, et l'on descendit pour entrer dans une salle éclairée par une petite lampe.

— Mes amis, si vous avez besoin de prendre quelque nourriture, — leur dit-on, — vous n'avez qu'à demander, et l'on vous servira : sinon, l'on va vous conduire à la chambre où vous devez coucher pendant le temps que nous passerons ensemble. Demain matin, nous viendrons vous expliquer le travail que vous aurez à faire.

A peine Joseph et Antoine furent-ils installés dans cette chambre, où l'on avait préparé deux lits pour eux, qu'ils s'assirent en face l'un de l'autre et se regardèrent en silence.

— Jusqu'à présent, dit enfin Joseph, je ne vois qu'une chose, c'est qu'il y a de l'argent à gagner ici : seulement si l'ouvrage ne me plaît pas, bonsoir, et je file ; si nous avons affaire à des fripons, tant pis pour eux, car je les dénonce : s'ils veulent y mettre de la méchanceté, qu'ils y prennent garde, car je les cogne. Mon parti est pris, à bon chat bon rat, couchons-nous et dormons tranquilles.

— C'est ça, — dit Antoine avec enthousiasme, — fermons la porte, couchons-nous et qu'ils y viennent.

Le lendemain matin, un domestique vint les éveiller et les prier de descendre à l'atelier.

— Un atelier! — s'écria Joseph en regardant à travers les fenêtres le jardin à grandes allées sablées qui entouraient la maison, — un atelier ici! Un atelier de rentiers, de gens qui travaillent à ne rien faire, c'est possible : mais un atelier de serruriers, voilà ce qui est curieux à voir.

Ils suivirent celui qui les avait invités à descendre et qui les conduisit au fond d'une cour, où il y avait une forge, avec tous les outils nécessaires à nos serruriers-mécaniciens.

Les deux hommes qui les avaient embauchés ne tardèrent pas à y arriver, et les inquiétudes de la veille furent bientôt calmées ; il s'agissait en effet de forger et de façonner des morceaux de fer suivant les dessins qu'on leur montra.

— Si dans huit jours, — leur dit un des inconnus, — tout votre travail est achevé, nous vous récompenserons de votre habileté : si ensuite ce que nous voulons faire réussit, nous vous récompenserons encore en raison de notre succès. Sachez seulement que tout dépend de la manière exacte dont vous suivrez le dessin que vous avez sous les yeux.

— Si ce n'est que ça, — dit entre ses dents Joseph à Antoine, — il ne fallait pas tant de mystère.

— Je comprends, — dit Antoine, — c'est quelque invention de mécanique dont ils veulent avoir le secret tout seuls.

— Qu'ils le gardent, leur secret !

Et tous deux, restés seuls, commencèrent à travailler. Rien ne manquait dans l'atelier, et cependant tout semblait neuf, depuis le plus petit outil jusqu'au soufflet de la forge. Le charbon était tout préparé dans l'âtre; mais, par le plâtre de la cheminée, l'on voyait qu'il n'avait jamais été allumé.

La première journée, ils ne reçurent de visite de leurs nouveaux bourgeois que sur le soir; encore n'étaient-ils venus que pour s'assurer si rien ne leur manquait pour travailler.

Mais le lendemain, et les autres jours, les visites furent plus souvent réitérées. Ces messieurs venaient examiner chacune des pièces à mesure qu'elles étaient achevées, et paraissaient très-contents de l'exactitude avec laquelle nos deux ouvriers suivaient les instructions données.

Ils travaillaient du reste de tout leur cœur. La récompense qu'on leur avait promise, la bonne nourriture qu'on leur donnait, les égards dont ils étaient entourés et les manières amicales avec lesquelles leurs maîtres les encourageaient, leur faisaient un devoir d'employer toutes leurs forces et toute leur habileté.

Joseph surtout, les manches de sa chemise retroussées jusqu'à ses épaules, semblait vouloir donner un exercice salutaire aux muscles de ses bras : comme l'on dit dans les ateliers, il abattait de l'ouvrage. C'était lui qui tenait la forge, qui travaillait au feu donnait au fer brut sa première forme. A lui tout seul, il faisait presque le travail de deux hommes d'une main il tenait sa barre rougie sur l'enclume, de l'autre il la frappait à coups redoublés de son lourd marteau. Antoine, moins vigoureux, mais plus adroit ouvrier, donnait avec sa lime la dernière façon : il n'approchait de la forge que lorsqu'une pièce exigeait par sa délicatesse ses soins et son talent.

Le bon Joseph n'était pas jaloux de la place réservée à son jeune camarade; il s'était avoué depuis longtemps son infériorité, et semblait vouloir regagner par sa force et son courage le talent qu'il ne pouvait pas avoir. Il était même quelquefois orgueilleux de ses propres efforts, et lorsqu'il voyait Antoine, arrêté devant le dessin, occupé à l'examiner avec soin et souvent plongé dans des réflexions contemplatives devant son ouvrage, il lui criait ;

— Oh, eh, gaillard! est-ce que tu te fatigues? Est-ce que tu vas renoncer?

— Eh non ! — répondait Antoine, — je cherche quelque chose qui m'embarrasse, qui m'étonne...

Joseph aussitôt, craignant d'être appelé à produire ses lumières pour retirer son camarade d'embarras, reprenait son ouvrage en donnant un autre tour à la conversation :

— C'est que vois-tu, camarade, avec des maîtres comme les nôtres, on n'a pas le droit de s'arrêter ; si je pouvais, je ne prendrais pas le temps de manger : quand je pense que d'ordinaire on sue tout un jour pour gagner deux pauvres pièces de vingt sous, ce n'est pas facile de vouloir gagner en conscience deux pièces de vingt francs.

— Tu as raison, Joseph, mais c'est ce drôle de dessin qui me taquine ; voilà deux bouts de fer qui ne veulent pas m'entrer dans la tête.

— Tiens, c'te bêtise, pourquoi les y faire entrer ? et puis d'ailleurs de quoi te tourmentes-tu ? Est-ce que nos bourgeois ne nous ont pas dit qu'ils étaient contents ?

— C'est vrai, — dit Antoine en soupirant ; et il se remit à travailler.

Le septième jour, presque toutes les pièces commandées étaient achevées; il était cinq heures du soir, et Antoine n'avait pas encore pris un seul repas. Il avait laissé Joseph aller seul à la cuisine, et lui, était resté à l'atelier. Le matin d'abord, il s'était levé soucieux : il n'avait pas dit un seul mot à son camarade; pendant toute la journée, il avait paru très-préoccupé, mais cependant, de temps en temps, il chantonnait entre ses dents. Le soir il était radieux.

— Ah! enfin! — lui cria Joseph, en l'entendant entonner une chanson qui commençait par ces mots : *La victoire est à nous!* — je croyais l'oiseau malade et le voilà qui chante.

— Oui, enfin, enfin, — répéta Antoine triomphant.

— Sais-tu que tu m'as inquiété toute la journée, mon pauvre ami? — reprit Joseph; — mais je ne voulais pas t'interroger de peur d'être obligé de te plaindre, et je sais par expérience qu'il n'y a rien qui rende un homme malade comme de le plaindre.

Au reste, voilà que tu chantes et ça me tranquillise.

— Oui, et je chante victoire, mon vieux Joseph.

— Et de quoi, parce que nous aurons fini ce soir ?

— Oui, parce que nous aurons fini, — reprit Antoine.

— Mais, moi, c'est justement cela qui me désole; et demain, Antoine, tu n'y penses donc pas, il faudra retourner aux quarante sous par jour, et ne pas faire les difficiles, encore !

— Oh! mais c'est vrai, ma foi, je n'y pensais guère.

A cet instant, les deux associés entrèrent et furent émerveillés en voyant le travail presque entièrement achevé.

— C'est bien, mes amis, — dit l'un des deux, — vous êtes de braves ouvriers. Quand nous vous donnions huit jours pour exécuter nos dessins, nous croyions sincèrement tant de travail impossible en si peu de temps. Vous avez dépassé nos espérances et vous en serez recompensés. Demain, d'abord, avant de nous séparer, nous dînerons tous en famille.

Le soir, à la nuit tombante, nos deux compagnons n'avaient plus qu'à mettre tout en ordre dans l'atelier.

Le lendemain, dès le matin, ils se firent beaux, c'est-à-dire qu'ils se changèrent du noir au blanc et se promenèrent jusqu'au dîner dans les belles allées du parc. C'était la première fois qu'on les laissait visiter cette riche propriété. On leur recommanda seulement de ne pas trop s'éloigner de la maison, parce que d'un moment à l'autre, on pouvait avoir besoin d'eux et les appeler; ils n'eurent garde de désobéir, car ils avaient trop peur de se perdre : il y avait tant de détours, tant de ronds-points d'où partaient des allées en tous sens, que l'une faisait oublier l'autre, et qu'une fois le toit de la maison perdu de vue, il fallait chercher sa route au hasard.

— Dis donc, Antoine, — répétait souvent Joseph, — sais-tu qu'il n'y a pas beaucoup de maîtres serruriers de l'espèce de nos bourgeois? On ne fait pas un métier aussi noir quand on a des mains aussi blanches; des mains comme les nôtres ça effaroucherait les fleurs.

— Cela m'irait-il bien, un état comme celui-là! — disait Antoine; — un état où l'on ne s'occupe qu'à dépenser de l'argent, à bien dîner, à bien s'amuser.

— Et à faire du bien à sa pauvre mère, à lui donner de beaux habits et à la faire bien riche et bien heureuse, — reprit Joseph.

— A commander à beaucoup de domestiques...

— A marier sa bonne petite sœur avec un huppé; un mari qui lui donnerait de belles robes et qui la mènerait aux premières, à la comédie.

— Et puis, — dit Antoine, — quand on est comme nos bourgeois, on a sa place gardée quand Franconi passe et donne spectacle.

— Oh! c'est fameux, Franconi : connu! je l'ai vu une fois.

— Et moi j'ai voulu le voir, mais je n'ai pas pu.

Un grand m'a repoussé au moment où je voulais m'introduire à la queue.

— Moi, — reprit Joseph, — je me suis dit que je voulais entrer et je suis entré.

— Dis donc, un domestique m'a assuré qu'il était arrivé hier à Bordeaux, — dit aussitôt Antoine; — il faut y aller demain, Joseph.

— Ça me va, et je te réponds que nous entrerons.

Ils approchaient de la maison, quand ils entendirent sonner la cloche du dîner. Une jolie petite fille qui était dans le jardin occupée à faire un bouquet, remarqua l'embarras où ils étaient pour entrer et vint les engager à la suivre dans la salle à manger.

— Hum! — dit Joseph en frappant de son coude Antoine et en montrant la jeune fille, — si j'avais une petite sœur comme celle-là !

— Tu aurais un père soigné, camarade.

— Et une mère qui se ressentirait de la chose, — reprit Joseph.

Ils entrèrent dans la salle à manger, en se perdant le plus possible derrière les autres. Joseph ne payait pas là comme au restaurant, et il ne se sentait pas fort de l'autorité de sa bourse bien garnie; mais aussi, s'il n'avait pas le même ton impérieux que chez le restaurateur, il n'était pas non plus toisé par les regards impertinents des garçons et des domestiques. On usait au contraire envers eux de cet air d'aménité que les gens de bon ton savent si bien prendre pour parler à un subalterne et le mettre à son aise. Jusqu'au moment du dessert, tout le monde resta presque silencieux; il n'y eut que quelques mots d'échangés entre la dame de la maison et la jeune demoiselle qui faisait des agaceries à son frère.

— Eh bien, mes amis, — dit enfin un des deux associés et qui paraissait le mari de la jeune dame et le père de l'enfant, — eh bien! vous ne parlez pas, vous êtes silencieux comme des trappistes au réfectoire : voyons, dites-nous cela, qu'allez-vous faire en nous quittant? allez-vous vous établir pour longtemps à Bordeaux, ou bien continuer votre route? avez-vous quelque plan de plaisir arrêté?

— Dam, monsieur, dit Joseph, nous aurions bien le désir de revoir notre famille; mais auparavant il nous faut faire un petit séjour à Bordeaux et ajouter encore, s'il est possible, à nos économies, afin de rapporter quelque argent au pays. Nous vous devons, mes bourgeois, d'avoir abrégé de beaucoup le temps que nous étions obligés de passer loin de nos parents, car vous nous avez payés très-largement, et si vous êtes aussi satisfaits de notre ouvrage que nous le sommes de votre récompense, nous pouvons nous réjouir et boire à nos santés.

Joseph s'était échauffé en faisant ses phrases; il était content de lui et tendit son verre plein avec un aplomb qui l'eût certes très-embarrassé si les voisins n'avaient pas répondu à son appel.

— Oui, mes amis, à nos santés, et je bois à la vôtre d'abord, — reprit le bourgeois, — car il faut le dire, la Providence nous a protégés en vous envoyant à nous; nous aurions pu, en effet, rencontrer des ouvriers bien moins habiles que vous et qui n'auraient jamais pu arriver au temps prescrit. Nous sommes le 25 du mois, et le 30 l'ouvrage non terminé eût été inutile, et l'affaire était bien grave, — dit-il en regardant son associé et sa famille.

— Oh! oui, — dit la jeune dame en poussant un soupir, — nous devons être bien reconnaissants de vos efforts, mes bons amis.

— En faisant ce que nous pouvions, nous avons rempli notre devoir, — reprit Joseph.

— Que Dieu ajoute à votre récompense, — répondit la jeune dame.

— Et qu'il fasse que toutes vos espérances soient comblées, ajouta encore Joseph.

— C'est égal, — dit à son tour Antoine qui jusqu'alors avait toujours gardé le silence, — c'est égal, il y a une chose que je ne comprends pas bien encore, c'est la manière dont nous avons été embauchés et amenés ici pour travailler.

— C'est encore la manière dont vous retournerez à Bordeaux,—répondit l'associé;— cela ne peut vous porter aucun préjudice, et cela nous est nécessaire.

— En ce cas, — reprit Antoine, — je vous garantis que si nous partons de nuit, je dormirai un peu plus ce voyage-ci que l'autre, car, foi de serrurier, en venant je n'étais pas tranquille, je faisais semblant de dormir; mais pas si bête, je ne dormais pas, et quand vous avez dit que Jacques était à son poste et que vous avez parlé d'arrêter la voiture, j'entendais bien, et, franchement, j'aurais mieux aimé dormir tout à fait, mais être autre part.

— Le fait est, — dit Joseph, — que vous avez mis bien des mystères pour nous amener à faire un ouvrage qui n'était réellement pas extraordinaire.

— Pour vous, mes amis, je le comprends, — dit l'associé, — mais il fallait que cela fût ainsi.

— Ne vous plaignez pas, mes enfants, — continua

le maître de la maison, — demain vous serez à Bordeaux, vous pourrez raconter votre histoire à tout le monde; personne ne vous en voudra et vous n'aurez pas manqué à votre parole. Si, au contraire, nous avions agi avec vous comme vous l'exigiez, si je vous avais dit mon nom, ma demeure, le travail que nous voulions vous faire exécuter, nous aurions été réduits à vous imposer l'obligation par serment de garder le secret le plus rigoureux : un secret dont vous n'auriez jamais assez senti l'importance, un secret que vous n'auriez pu que nous jurer de garder, vous que nous ne connaissions pas. Encore une fois, ne vous plaignez pas de notre conduite envers vous : demain vous serez libres et vous aurez la conscience toujours légère. Arrivés à Bordeaux, votre devoir finira là où il aurait commencé; vous direz tout, et durant le temps que ceux qui seront curieux de savoir où l'on vous a fait fabriquer des morceaux de fer, mettront à découvrir notre demeure, tout sera dévoilé au grand jour.

— Et notre fortune nous sera conservée, — dit la jeune dame en baissant la voix.

— Ah! je comprends, enfin, — dit Antoine ; — mais si demain, continua-t-il en clignant de l'œil et en ralentissant ses paroles, — si demain, arrivés à Bordeaux, j'expliquais comment les morceaux de fer emmanchés les uns dans les autres... adaptés les uns aux autres... appliqués les uns sur les autres, font une machine qui...

A cette dernière syllabe, il s'arrêta ; le pauvre garçon ne s'attendait guère à l'effet qu'allaient produire ses paroles ; le visage des deux associés devenu subitement pâle, et leurs yeux fixes et braqués sur lui, barrèrent ses paroles dans sa gorge. La jeune femme, la jeune fille regardèrent les deux associés avec anxiété. La foudre venait de tomber dans cette famille.

— Malédiction ! — dit sourdement le maître de la maison, — il était dit que nous ne pourrions pas réussir !

Et il se fit un grand silence. Nos deux compagnons étaient hébétés de surprise, mais une très-grande souffrance se révélait sur le visage des autres assistants.

— Notre dernière ancre de salut vient de se briser, — continua le pauvre père, — adieu l'espérance, adieu la maison de nos pères.

— Pas encore, — reprit aussitôt l'associé ; et frappant son ami sur l'épaule il lui fit signe de le suivre un moment dans la salle voisine.

L'instant où nos deux compagnons restèrent seuls en présence de la douleur des deux femmes est difficile à décrire. Ce qui se passait en eux ne pouvait pas être un drame bien terrible, leurs intérêts n'étaient pas assez graves et leur intelligence assez développée pour enfanter et nourrir une grande souffrance : seulement l'aspect de cette pauvre mère qui tenait sur son cœur sa fille qui sanglotait ; sa tristesse profonde et calme, et malgré tout son air de bonté d'ange toujours resté sur son visage, jetaient dans leur âme un trouble, une indécision, un étonnement inexprimable. Joseph était étourdi : son esprit était perdu dans un nuage dont il ne pouvait pas sortir. Il ne voyait plus, il n'entendait plus : une grande chose avait été dite, et il en avait perdu le souvenir, tant son intelligence l'avait peu saisie. Antoine, au contraire, voyait et comprenait; à force d'avoir repassé sa phrase sur ses lèvres, il avait fini par en trouver le sens exact. Il comprenait du moins toute la peine qu'il avait pu causer, s'il n'avait pas encore bien saisi tout l'intérêt qu'il pouvait en tirer. Il s'étonnait, qu'avec si peu de mauvais vouloir, il eût jeté tant de désolation dans cette pauvre famille. Il n'avait jamais songé qu'un simple ouvrier comme lui pouvait avoir tant de puissance sur des gens si au-dessus de lui ; et lorsqu'il voyait les yeux remplis de larmes de la mère, ou qu'un sanglot de l'enfant arrivait à son oreille, le remords d'avoir parlé si légèrement, le remords même d'avoir été curieux venait le saisir au cœur : il maudissait cette cruelle destinée qui le poussait sans cesse à côté du bien. Il pensait à tous les méfaits qu'il avait déjà commis dans le monde, il songeait à Joseph et le renvoyait ensanglanté en lui recommandant sa mère ; il n'oubliait pas non plus la sienne et repassait dans son souvenir tous les tourments qu'il lui avait causés, et puis il revenait toujours à celle qui pleurait encore devant lui. Oh! qu'il aurait voulu pouvoir se jeter à ses pieds et lui demander pardon de sa faute, mais il étouffait trop pour trouver une parole à dire, il se sentait trop oppressé pour oser le moindre mouvement, il était comme cloué sur sa chaise et ne bougeait pas.

Cependant le silence qui régnait depuis si longtemps sur cette triste scène, était trop pénible pour Antoine : le poids qui pesait sur lui devenait au-dessus de ses forces, il allait en sortir d'une manière ou d'une autre, il allait se lever et déserter la table, ou plutôt, ses yeux se remplissant de larmes et son cœur prêt à déborder, il allait demander grâce, lorsque les deux associés rentrèrent et reprirent la place qu'ils avaient quittée. Ils étaient tristes encore, mais ils n'étaient plus désespérés, ils revenaient calmes et forts, comme des gens qui ont accepté et arrêté un parti définitif. Chacun se réveilla peu à peu de son abattement, la sérénité revint presque sur les visages et le maître de la maison jetant ses regards sur le pauvre Antoine, qui tenait les siens baissés, lui adressa avec une extrême bonté ces paroles :

— Mon cher ami, lorsque nous vous avons rencontré à minuit sur le pavé de Bordeaux, nous croyions avoir affaire à de pauvres ouvriers sans ouvrage et trop heureux de trouver le travail facile et si bien payé que nous allions leur offrir. Vous nous avez montré par votre découverte une intelligence et un talent qui doivent vous servir et dont vous devez naturellement tirer profit. Vous seul connaissez maintenant notre secret : vous aurez désormais intérêt à le garder, car si vous acceptez ce que nous allons vous proposer votre bien à venir dépendra de notre fortune. Dès demain, nous allons mettre notre machine à l'essai, en prendre le brevet, et dans huit jours nous posséderons dans ces environs un atelier considérable; voulez-vous en être le chef? si vous vous sentez assez de force et de persévérance pour occuper un emploi semblable, la place est à votre disposition. Sachez dès aujourd'hui que les appointements que vous gagnerez pourront vous faire vivre dans l'aisance vous et votre famille.

A ces mots, ce ne fut plus Antoine qui comprit : à son tour, il était étourdi; ce fut Joseph qui se leva d'un bond, prit son verre, le vida d'un trait et s'écria :

— En voilà une chance! comment, tu ne te remues pas davantage! comment, tu ne remercies personne! comment, tu ne viens pas m'embrasser! si tu ne viens pas, attends-moi.

Et il sauta au cou de son camarade en lui disant tout bas et avec un tremblement de plaisir dans la voix :

— C'est ta mère, Antoine, c'est ta mère qui va en avoir une fière révolution de gaieté.

— Et la tienne ! — répondit Antoine en se remettant enfin, — car tu connaîtras aussi le secret, toi, et il faut que tu partages ma bonne fortune.

— Et vous la partagerez tous deux, mes enfants, — dit encore le maître de la maison. A votre âge, on a encore besoin de mettre ses idées en commun pour prendre conseil l'un de l'autre, et votre amitié vous servira. Dans deux mois, d'ailleurs, si notre invention prospère, deux chefs d'atelier nous seront indispensables. Ainsi restez toujours unis et ne nous quittez pas, c'est nous qui vous le demandons avec instance.

Au bout de quelques jours, en effet, la machine, qui par son succès avait dépassé les espérances des inventeurs, fut multipliée de manière à monter de suite un atelier considérable de filature de lin. Les deux amis furent installés à leur poste, et après quelques mois d'investiture, lorsque leur avenir put leur paraître assuré, ils appelèrent près d'eux leurs parents et vécurent dans une aisance qui bientôt sans doute pourra devenir une fortune.

LE

COCHER DU MARÉCHAL C.

———

Mes enfants, voici une histoire qui m'a été racontée comme je vais vous la dire, et elle est arrivée comme elle m'a été racontée. Ce n'est point une invention destinée à vous montrer comment une faute suffit à perdre souvent la vie d'un homme ; c'est un fait réel au récit duquel nous ne donnerons pas ses véritables noms, parce qu'ils révéleraient les secrets d'une famille qui tient un rang illustre dans un des principaux États de l'Allemagne.

Le maréchal C... (il n'était alors que général) se trouva avoir besoin d'un cocher. Il en fit demander un à une dame de Saint-Domingue qui tenait un hôtel garni et qui louait en même temps des voitures de remise. D'abord, cette dame déclara ne pouvoir lui en procurer un dont elle pût répondre ; presque tous ceux qui conduisaient ses voitures étant des cochers à la journée et qui ne demeuraient point chez elle. Un seul, celui qui surveillait tous les autres, eût pu convenir au général, et c'était précisément à cause de ses bonnes qualités que cette dame désirait le garder. Le général insista d'autant plus vivement pour l'obtenir. Enfin, la maîtresse de l'hôtel garni finit par le lui céder.

Quand cet homme fut au service du général, on ne remarqua rien d'extraordinaire en lui ; seulement, une politesse extrême, un soin attentif à ne jamais se mêler aux jeux des autres domestiques, une exactitude rare dans l'accomplissement de ses devoirs le rendirent précieux à son maître. Par une exception bien rare, cette préférence obtenue par le cocher n'excita pas la haine des autres domestiques. Il y avait dans cet homme un fond de tristesse si continu, qu'on ne pouvait croire que ce fût par fierté qu'il se séparait de ses camarades. A l'heure du dîner de tous, il s'asseyait silencieusement à table, mangeait avec sobriété, et se retirait dans son écurie aussitôt après le repas. Dans le château du général, au moment où le service des chevaux laissait à Muller beaucoup de loisirs, il n'en usait point ni pour aller au cabaret ni pour jouer, comme faisaient les autres ; il s'asseyait sous quelque arbre du parc, et y faisait de longues lectures. Toutefois, ces singularités, qu'on se rappela plus tard, ne surprirent guère personne à cette époque ; on se contenta de dire que Muller était un ours, et on le laissa faire à sa guise, sans s'occuper autrement de lui.

Deux ans se passèrent à peu près ainsi ; Muller suivit le général partout où la guerre le conduisit ; c'était vers 1807 que ceci se passait.

Cependant Muller avait accompagné le général en Dalmatie ; celui-ci habitait Raguse, dont l'empereur lui avait confié le gouvernement ; et ce fut dans cette ville qu'arriva la petite aventure suivante :

Un jour que le général gouverneur devait avoir à sa table une grande partie des officiers de son état-major et les principaux officiers d'un corps d'armée autrichien qui se trouvait dans les environs, il fut obligé de requérir, pour le service de la table, tous les gens de sa maison. Muller se trouva compris dans cette réquisition ; et l'heure du dîner venue, il était dans la salle à manger, la serviette sur le bras. Le grand nombre des convives présents empêcha sans doute Muller de les remarquer chacun en particulier, car une bonne partie du dîner se passa sans qu'il montrât aucun trouble ; mais au moment du second service, comme il allait poser un plat sur la table, un des officiers généraux étrangers se tourne un peu pour faire place à Muller, et pousse un cri de surprise en le reconnaissant. Muller, à son tour, regarde l'officier général, pâlit comme lui, s'épouvante comme lui. Dans sa surprise, il laisse échapper le plat qu'il tenait dans ses mains, et quitte la salle à manger dans un trouble qui frappe d'étonnement tous les convives.

Tout cela avait été si rapide, qu'on ne s'expliqua pas d'abord si c'était le trouble qui avait causé la maladresse, ou la maladresse qui avait causé le trouble, et le dîner continua sans que Muller reparût. Cependant le général avait trop bien remarqué que l'officier autrichien et le cocher devaient se connaître depuis longtemps; il avait remarqué de même que leur étonnement ne pouvait être celui d'un maître qui retrouve simplement son ancien domestique, ou celui d'un domestique qui retrouve, de même, un ancien maître. Une émotion singulière, une terreur profonde s'étaient montrées dans les traits de ces deux hommes, quand ils s'étaient trouvés face à face, et la préoccupation de l'officier autrichien pendant la fin du dîner n'avait pas échappé au général. Si la guerre eût existé alors entre la France et l'Autriche, le général eût pu penser que ce Muller, dont les manières annonçaient autre chose qu'un cocher, était un espion, que l'espoir d'une forte récompense avait déterminé à jouer ce rôle; mais dans l'état des choses, cette supposition n'avait nulle vraisemblance, et il était plus raisonnable de penser que ce cocher, qui se cachait avec tant de soin, avait, sans doute, servi autrefois l'officier général qu'il avait reconnu, et dans la maison duquel il s'était probablement rendu coupable de quelque action dont la révélation l'alarmait. Bien que le général n'eût que des raisons d'être content du service de Muller, il voulut savoir s'il n'avait pas affaire à l'un de ces serviteurs hypocrites, qui emploient des années entières à obtenir la confiance de leur maître pour pouvoir en abuser, ensuite, d'une manière plus profitable.

Le dîner achevé, le général chercha partout l'officier autrichien pour le questionner ; mais l'officier avait disparu du salon comme le cocher de la salle à manger, et ni l'un ni l'autre ne reparurent de toute la soirée. La nuit venue, le général, que cette double disparition intriguait, s'informa aux autres domestiques de ce qu'était devenu Muller ; il apprit qu'aussitôt après sa maladresse à table, il s'était enfui à l'écurie dans une agitation extrême. Le général apprit encore qu'après le dîner, l'officier autrichien s'était enquis de Muller, qu'après avoir appris où il était, il avait été le rejoindre avec empressement, qu'ils étaient longtemps demeurés enfermés ensemble, qu'on avait entendu entre eux une conversation fort animée, et qu'enfin ils étaient sortis tous deux de l'hôtel et s'en étaient éloignés, en continuant cette conversation. Le général renvoya au lendemain pour éclaircir le secret de cette reconnaissance. Alors il apprit que Muller avait reparu dans son écurie et y pansait ses chevaux avec son impassibilité ordinaire. Le général, dont la curiosité était vivement excitée, y descendit aussitôt pour surprendre Muller et l'interroger à l'improviste ; mais dès que celui-ci l'aperçut, il alla au-devant de son maître, lui présenta une lettre conçue à peu près en ces termes :

« Sur mon honneur, je réponds de la fidélité et
» de la bonne conduite du cocher Muller, et je serai
» fort obligé au comte C... de ne pas chercher à
» connaître le secret de l'existence de cet homme.

» Le comte V... »

— Et si je voulais le connaître ? dit le général à son cocher.

— Je serais forcé de quitter voter service, répondit celui-ci ; je le ferais avec bien du regret, parce que je m'estime heureux d'être chez vous ; mais je le ferais immédiatement.

La bonne conduite de cet homme, la recommandation de l'officier autrichien décidèrent le général à ne pas pousser ses questions plus loin. Muller demeura dans son écurie, et, au bout de quelques mois, cet événement fut complétement oublié. Probablement il se fût entièrement effacé de la mémoire du général, lorsqu'un accident terrible vint le lui rappeler.

Un matin que Muller conduisait ses chevaux à l'abreuvoir, il fut renversé par l'un d'eux, et rapporté à l'hôtel le crâne fracassé et dans un état qui ne laissait aucun espoir de le sauver.

En effet, il mourut le jour même de sa chute, sans avoir repris connaissance. Le lendemain, comme on allait procéder à son inhumation, le général chargea l'un de ses aides de camp de se rendre dans la chambre de Muller, de la visiter et de prendre note de tout ce qu'il y trouverait. Muller était un homme soigneux et rangé qui devait avoir fait quelques économies, qui en outre possédait une tabatière et une montre en or d'une grande valeur, et le général désirait qu'on recueillît tous ces objets afin de les faire parvenir à sa famille s'il la découvrait. L'aide de camp se rendit donc dans la chambre de Muller pour exécuter les ordres du général ; mais sa surprise fut grande lorsque, en ouvrant la malle du cocher, il y trouva d'abord un uniforme autrichien, des épaulettes de colonel, le brevet de ce grade, et les diplômes de plusieurs ordres ; les insignes de ces ordres, dont plusieurs étaient garnis de diamants, étaient de même enfermés dans cette malle. L'aide de camp, qui ne connaissait point l'aventure du dîner, soupçonna d'abord que tous ces objets provenaient de soustractions faites par Muller. Mais lorsqu'il rendit compte au général de ce qu'il avait découvert, celui-ci se rappela l'événement que nous avons raconté plus haut, et voulut visiter lui-même les objets trouvés dans la chambre de son cocher ; il espérait y découvrir quelques papiers qui éclairciraient ce mystère ; mais il n'y trouva d'autre renseignement que les brevets dont nous avons parlé et qui étaient tous expédiés au nom du comte de V.....

Du reste, aucune correspondance, aucun acte qui pût établir ce qu'il y avait de commun entre le cocher Muller et le comte de V..., colonel au service de l'Autriche. Il fallait encore s'en tenir aux conjectures, et plusieurs semaines s'étaient passées sans que le général eût rien appris de nouveau sur cet homme étrange, lorsqu'un jour il vit entrer chez lui l'officier général qui avait reconnu Muller d'une manière si extraordinaire, et qui depuis n'avait pas reparu à Raguse, bien qu'il demeurât dans les environs.

Le hasard de la conversation lui avait appris la mort du cocher du général, et il se présentait pour réclamer les papiers qui avaient pu être trouvés chez Muller. Le nom de cet officier et la considération dont il jouissait étaient suffisants pour ne pas faire douter des droits qu'il avait à cet héritage du moment qu'il le réclamait ; cependant le général crut devoir lui demander quelques explications, et l'officier lui répondit aussitôt :

— Je vous apprendrai d'autant plus volontiers ce que vous voulez savoir, que vous vous en êtes fié à une simple attestation de moi pour garder chez vous le malheureux Muller, malgré le mystère qui l'entourait. Cet uniforme, ces épaulettes, ces décorations lui appartenaient à juste titre ; il les avait bravement gagnées comme soldat. Une faute les lui a fait perdre, mais il l'a si noblement expiée, que je crois bien plutôt rendre hommage à sa mémoire en vous la révélant, qu'en vous laissant des doutes que vous ne pourriez vous expliquer.

Muller n'est autre que le comte de V..., mon frère aîné. Son histoire n'a rien d'extraordinaire que ce que vous en connaissez. Bien jeune, il avait conquis le grade et les distinctions dont vous venez de découvrir les titres, et sa fortune militaire avait été si rapide, qu'elle faisait espérer à mon père qu'il arriverait aux plus hautes charges de l'État. Un événement, comme il s'en rencontre si souvent dans le monde, détruisit toutes ces espérances. Mon frère, blessé dans un combat où il s'était distingué, fut forcé, pour sa guérison, d'aller prendre les eaux de Carlsbad. Il s'y trouva en même temps un grand nombre de nos compatriotes possesseurs d'immenses fortunes. Vous savez jusqu'à quel point la fureur du jeu est poussée dans ces rendez-vous où chacun vient plutôt pour étaler son luxe que pour y recouvrer la santé. Mon frère oublia trop aisément qu'il ne possédait que les appointements d'un colonel, il se mêla à ces parties de jeu où ses partenaires apportaient beaucoup plus d'argent que lui et assurément moins de bonne foi. En peu de temps, il se trouva ruiné et criblé de cette espèce de dettes que l'on a l'habitude de nommer dettes d'honneur et qui, cependant, sont de toutes les moins honorables. Si mon frère eût été moins jeune, peut-être ne se serait-il pas épouvanté autant qu'il le fit de la nécessité d'acquitter ces dettes en quelques jours, et peut-être, pour réparer une faute, n'eût-il pas été poussé à commettre un crime. Dans le désespoir où il était, la raison perdue, s'imaginant qu'il ne pouvait plus se montrer en public avant d'avoir acquitté les pertes qu'il avait faites, il eut recours à un moyen trop coupable de satisfaire ses créanciers. Il contrefit la signature de notre père qui avait alors un grand crédit en Allemagne ; il l'escompta et fut bientôt libéré. Mais à peine eut-il commis ce crime, qu'il en prévit toutes les conséquences ; sa tête se perdit, et, profitant d'un congé de convalescence qu'il avait obtenu, il quitta l'Allemagne.

Mon père était loin de soupçonner tout ce qui s'était passé ; et lorsque les lettres de change qu'on avait tirées sur lui, et qu'il était censé avoir acceptées, lui furent présentées, il ne reconnut point sa signature et fit poursuivre comme faussaires ceux qui en étaient porteurs. En remontant de main en main, on retrouva bientôt celle d'où ces lettres de change étaient parties, et vous devez juger du désespoir de mon père quand il apprit que c'était son fils qui avait commis le crime, et que lui, son père, le dés-

honorait publiquement, par l'enquête rigoureuse
qu'il avait ordonnée. Malgré sa colère, mon père
sacrifia toute sa fortune à l'acquittement de ces
fausses lettres de change; et lorsqu'il apprit les circonstances qui avaient entraîné mon malheureux
frère, il était disposé à lui pardonner. Mais toutes nos
recherches pour le découvrir, furent inutiles. Des
avis insérés dans les journaux annoncèrent vainement que c'était par erreur que le vieux comte V...
avait d'abord méconnu sa signature, que l'accusation
de faux qu'il avait portée ne tenait qu'à un malen-
tendu, et que toutes les sommes tirées sur lui
avaient été acquittées : cette manière indirecte de
prévenir mon frère que son honneur était à couvert
de tous soupçons et qu'il pouvait reparaître n'eut
aucun succès, et nous eûmes la conviction, sinon la
certitude, que dans son désespoir il avait mis fin à
ses jours

Vous vous rappelez mon étonnement, lorsque je
le reconnus servant à votre table; il ne fut pas plus

que moi maître de sa surprise ; et après le dîner je me hâtai d'aller le trouver. J'étais résolu à le faire rentrer dans notre famille. L'idée qu'il s'était tué pour se soustraire au déshonneur avait depuis longtemps apaisé l'indignation de mon père, et sans doute la connaissance que je lui aurais apportée du châtiment que mon frère s'était imposé, lui eût rendu encore le pardon plus facile ; mais mon frère fut sourd à mes prières, il demeura inébranlable dans sa résolution, et me répondit qu'il ne reprendrait jamais un nom qu'il s'était montré indigne de porter. Tout ce que je tentai échoua contre sa volonté, et il me fit promettre, non-seulement de ne rien vous dire de son secret, mais encore de cacher son existence à notre malheureux père, pour ne pas lui faire un nouveau désespoir d'une douleur que le temps avait sans doute calmée. Je cédai aux désirs de mon frère, et le récit que je vous fais aujourd'hui n'a d'autre but que de prévenir les recherches que vous eussiez pu faire, et qui eussent sans doute amené des explications qui seraient arrivées jusqu'à mon père et eussent troublé le repos de sa vieillesse.

Voici, mes enfants, cette histoire, comme elle m'a été racontée. Sans doute elle n'a rien de l'intérêt que savent mettre, dans leurs récits, les hommes qui d'ordinaire écrivent pour vous instruire ; mais, si elle manque de ce mérite, elle a celui d'être vraie, et c'est en cela qu'elle doit vous être une grande leçon.

Il nous eût été facile d'y ajouter de bizarres incidents, et peut-être eussions-nous dû vous représenter le désespoir de ce père au moment où il découvre la faute de son fils, au moment, surtout, où il reconnaît que ce sont ses propres poursuites qui vont le livrer à la honte. Si nous ne l'avons pas fait, c'est que nous avons voulu que ce récit vous arrivât comme il nous était arrivé ; c'est qu'il nous a semblé que la vérité porte en soi une puissance d'enseignement à laquelle aucune invention n'a le droit de prétendre. Voyez, mes amis, où peut conduire la funeste passion du jeu, à commettre le plus honteux des crimes, à se rendre coupable d'un faux... le faux qui déshonore toute une famille.

LA
POUPÉE DE LA FÊTE AUX LOGES

La petite demoiselle que vous voyez avec sa maman devant ce comptoir où de petites demoiselles aussi font des chapeaux d'enfants et des habits de poupées, cette petite demoiselle n'aimait point à travailler ni à apprendre, parce que sa mère était riche et avait une voiture, et qu'elle se disait que le travail n'est fait que pour les pauvres. Cette petite demoiselle, qui s'appelait Clémence Darisse, aimait beaucoup la société de trois de ses jeunes amies, mesdemoiselles Buttel, qui étaient comme elle, ne faisant rien et passant toutes leurs journées à habiller des poupées, à les faire danser dès le matin, à jouer à la dînette, à courir dans le jardin de l'hôtel. Au milieu de cette vie dissipée à laquelle les bons conseils ni la sévérité de madame Darisse ne pouvaient arracher sa fille, il arriva que mesdemoiselles Buttel quittèrent Paris tout à coup et que Clémence ne les vit plus.

Le cœur des paresseux est ingrat, le souvenir est une occupation ; aussi, dans les premiers moments, Clémence ne s'occupa guère de l'absence des demoiselles Buttel, espérant qu'elle trouverait bientôt d'autres amies pour ne rien faire et jouer tant qu'elle voudrait. Mais les amies de madame Darisse ne permettaient pas que leurs enfants perdissent leur temps comme M. Buttel l'avait fait pour ses filles, et bientôt Clémence se trouva tout à fait isolée. Alors elle pensa à Éléonore, à Lucile, à Fanny, les trois filles de M. Buttel, et, ajoutant le mensonge à son défaut d'occupation, elle dit à sa mère :

— Maman, je suis bien chagrine, je ne vois plus

mes bonnes petites amies, cela me fait beaucoup de peine, car je les aimais beaucoup.

— Oui, lui répondit madame Darisse, tu les aimais pour jouer, voilà tout.

— Oh! non, maman, ce n'est pas ça... je voudrais savoir si elles sont contentes, si elles s'amusent bien...

— Eh bien! ma fille, je te mènerai les voir.

— Où ça?

— A la foire aux Loges.

— Oh! nous nous amuserons bien.... c'est joli, la foire aux Loges?

— Oui, c'est joli, et je te recommande de bien profiter de ce que tu y verras et de ne jamais l'oublier; me le promets-tu?

— Oh! je puis bien te le promettre; je me souviens très-bien de la pièce que j'ai vue chez Franconi il y a deux ans; de la fête de Saint-Cloud où tu m'as menée et où je me suis tant divertie; j'ai une très-bonne mémoire.

— Vraiment, pourquoi ne t'en sers-tu pas pour apprendre tes leçons?

— Oh! maman, reprit Clémence en faisant une petite moue, c'est que ce n'est pas la même chose... ce n'est pas amusant.

— Eh bien ! souviens-toi de la foire aux Loges.

Le dimanche suivant la voiture de madame Darisse était prête de bonne heure; Clémence avait mis sa plus jolie robe, et elle avait le cœur tellement plein d'espérance de s'amuser, qu'elle n'avait pas pris le temps de déjeuner. On part; on arrive à Saint-Germain.

C'est un spectacle plein de mouvement et de variété que la fête de Saint-Germain ; d'un côté des danseurs de corde qui courent en l'air au son d'une clarinette et d'une grosse caisse, de l'autre des escamoteurs qui jouent avec des gobelets; par ici un marchand d'orviétan en habit rouge et qui a vendu des cure-dents et des tire-bottes au roi de Perse; ailleurs des théâtres en toile où l'on voit représentée la belle histoire de Geneviève de Brabant, des aveugles avec un violon et un chien, des Auvergnats avec un orgue de Barbarie, des jeux de bague, des loteries de joujoux, des chiens savants, des puces qui jouent du trombone, des éléphants qui pincent de la guitare, des ânes qui savent l'heure, des magiciens qui tirent les cartes, toutes sortes de folies, et partout des badauds, une foule immense de badauds, autant que Paris peut en fournir, tout cela à travers des baraques en bois, des tentes en toile, au milieu du bruit et de la poussière.

— Maman, disait Clémence, où trouverons-nous les demoiselles Buttel?

— Dans leur nouvelle maison.

— Elles ont donc un hôtel à Saint-Germain?

— Tu verras : et tu jugeras combien il est plus beau que le nôtre.

— Plus beau que le nôtre! elles sont bien heureuses.

— Est-ce que cela te rend curieuse?

— Non, maman, mais je ne sais pas ce qu'elles ont fait pour avoir un hôtel plus beau que le nôtre.

Madame Darisse et sa fille causaient ainsi en se promenant dans la foire, et à tous moments Clémence demandait à sa mère si elles allaient bientôt arriver.

— Nous y serons tout à l'heure.

— Est-ce que leur hôtel est parmi toutes ces baraques? demanda Clémence.

— Le voilà, dit madame Darisse en l'arrêtant et en lui montrant une échoppe couverte de petits chapeaux, de chiffons, derrière laquelle travaillaient trois jeunes filles les yeux baissés.

— Tiens ! s'écria Clémence, c'est Éléonore, c'est Lucile, c'est Fanny : ah, mon Dieu! à quoi jouez-vous là?

— Nous travaillons, répondit Fanny, la plus petite.

— Quelle idée ! pourquoi travaillez-vous?

— Pour gagner notre vie et celle de notre père.

Clémence regarda sa mère et eut l'air de lui demander ce que cela voulait dire. Gagner sa vie est un mot que la paresse et la richesse ne comprennent guère.

— Est-ce que vous n'allez pas venir jouer avec moi ? reprit Clémence.

— Nous ne jouons plus, mademoiselle, reprit Fanny d'un air froid.

— Pourquoi m'appelles-tu mademoiselle ?

— Parce que vous êtes une demoiselle et que nous ne sommes plus que des ouvrières.

— Comment ! vous, des ouvrières, comme il en venait chez maman, qui cousent toute la journée ?

— A peu près.

— Ah ! mon Dieu ! contez-moi donc ça ; qu'est-ce qu'il vous est arrivé ?

Madame Darisse fit un petit signe à l'aînée des trois filles de M. Buttel, à Éléonore, et elle répondit :

— Je veux bien, écoutez-moi.

« Notre père était intéressé dans une maison de

banque dont il était le correspondant. Il y a deux ans, il fut forcé de s'y rendre et de nous laisser à Paris avec notre gouvernante, qui était chargée de surveiller nos études. Vous savez combien peu elle était sévère, et vous vous souvenez qu'aussitôt que nous voulions quitter le travail elle nous le permettait. Cependant, pour que mon père ne nous grondât pas et ne la grondât pas elle-même, elle lui mentait en lui disant que nous faisions de grands progrès. Cela durait depuis bien longtemps, lorsque à son retour nous nous aperçûmes que notre papa était tout triste et soucieux ; il passait les nuits dans sa chambre, et le matin il en sortait en nous recommandant de bien travailler ; nous le lui promettions, et le soir quand il rentrait nous lui mentions en lui disant que nous avions tenu notre promesse.

» Un jour, il y a six mois de cela, et il me semble que c'était hier et je ne l'oublierai de ma vie, il nous fit venir dans sa chambre : il était déjà attaqué de la maladie qui l'a rendu tout à fait aveugle et qu'il avait gagnée en passant les nuits et les jours à écrire. Il nous fit asseoir devant lui, et voici ce qu'il nous dit :

» — Mes enfants, vous êtes bien jeunes, mais il faut se vieillir quand le malheur arrive ; d'ailleurs vous avez été sages et laborieuses, et vous me comprendrez.

» A cet éloge, nous nous regardâmes avec honte entre nous; notre père ne vit pas ce regard, il ne vit pas notre rougeur, il continua :

» — Malgré tous mes efforts pour prévenir la ruine de la maison à laquelle j'étais associé, elle s'est ruinée et m'a ruiné avec elle, nous ne possédons plus rien ; cette maison ni les meubles qui y sont ne nous appartiennent plus, et dans quelques jours il faudra que je me retire dans une misérable chambre.

» — O mon Dieu ! criâmes-nous ensemble, qu'allons-nous devenir?

» — Pauvres enfants, répondit notre père, vous

n'aurez plus ni salons, ni femmes de chambre, ni gouvernante, mais vous ne souffrirez pas de ma misère autant que vous le craignez. Aujourd'hui vous recueillerez le fruit des sacrifices que j'ai faits pour votre éducation. Toi, Éléonore, qui a appris le dessin et qui es devenue très-habile, tu entreras comme maîtresse dans le pensionnat de madame B...., tu es accoutumée au travail, et celui d'enseigner, quoique plus pénible que celui d'apprendre, ne te rebutera pas. Toi, Lucile, qui es bonne musicienne, tu donneras des leçons de piano dans la même maison que ta sœur, et quant à Fanny, qui, toute jeune qu'elle est, sait déjà si bien son anglais, je la mettrai chez une dame qui veut faire apprendre cette langue à sa fille en la lui faisant parler par une petite amie. Vous voyez que vous ne serez pas trop à plaindre; car vous êtes jeunes, vous pouvez espérer, au lieu que moi qui suis vieux, je deviens aveugle et n'ai d'autre chance que de vivre du peu que vous pourrez économiser. C'est bien dur de vous imposer cette tâche, mais vous l'accomplirez parce que vous êtes bonnes.

» Mon Dieu ! que ce fut une terrible chose pour nous que d'entendre parler ainsi notre père ! Mais croyez-moi, mademoiselle, ce n'était pas d'apprendre qu'il était ruiné, c'était de voir l'espérance qu'il avait mise en nous et qu'il allait perdre.

» Aussi nous nous taisions, et notre père, étonné de ce silence, finit par nous dire :

» — Quoi ! mes enfants, la perte de votre fortune vous afflige-t-elle à ce point que vous n'ayez pas une consolation pour votre père ?

» Hélas ! c'est que nous n'avions qu'une douleur de plus à lui donner.

» Enfin mon père nous pressa de questions, et ce fut à genoux et en sanglotant que nous lui avouâmes que nous étions incapables de faire ce qu'il nous demandait.

» Clémence, Clémence ! tu crois savoir ce que c'est que d'avoir du chagrin, mais tout ce que tu en as senti n'est rien. Ce n'est rien que de voir sa maman en colère qui gronde, ce n'est rien que d'être traitée devant tout le monde de paresseuse et d'ignorante ; ce qui est affreux, c'est de voir son père, un homme, pleurer, pleurer avec désespoir, en s'écriant : O malheureux enfants, malheureux enfants, qu'allez-vous devenir!! Car ce n'était pas à lui, c'était à nous qu'il pensait, notre pauvre père.

» Après que nous eûmes bien pleuré ensemble, il nous demanda ce que nous avions fait. Il fallut le lui dire. Oh! c'est bien poignant de dire ainsi ses fautes quand elles font pleurer un père!

» Alors il nous renvoya dans notre chambre et resta dans la sienne ; nous l'entendîmes se désoler toute la nuit. Nous ne dormîmes pas non plus, et ce fut dans cette nuit que nous cherchâmes ce que nous pourrions faire. Hélas! nous n'avions appris qu'à chiffonner pour nos poupées, qu'à leur faire de jolis chapeaux et de belles robes : eh bien! pensâmes-nous, nous ferons des robes et des chapeaux pour les poupées des autres. Quand nous entrâmes chez notre père et que nous lui apprîmes notre résolution, il pleura encore, mais ce fut de joie. Il nous encouragea, il nous aida de ses conseils, et vous voyez ce que nous faisons ; c'est bien peu de chose, mais enfin nous gagnons notre vie et celle de notre père. »

Clémence avait écouté ce récit, le rouge à la figure et la honte dans l'âme.

— Avez-vous préparé la belle poupée que je vous ai commandée pour ma fille? dit madame Darisse.

— La voici, dit la petite Fanny.

Clémence ne voulait pas la prendre : sa mère la força de l'accepter, et le lendemain, à l'heure de la leçon, la poupée était assise devant la table de Clémence, et Clémence étudiait. Sa mère en entrant lui dit doucement :

— Tu ne joues pas avec ta poupée, Clémence?

— Oh! maman, répondit la petite fille, je ne

jouerai pas avec cette poupée, je veux la garder toute ma vie, ce sera ma maîtresse d'études, elle m'apprendra mieux que personne où la paresse peut conduire.

L'ORPHELINE DE WATERLOO

Enfants, il y a des sentiments qui vous sont inconnus et qu'il faut vous apprendre. Car on peut dire de ceux-là qu'ils ne nous viennent pas tout de suite au cœur, comme ceux d'amour pour vos parents ; ils sont plus réfléchis, ils résultent de l'éducation, et cependant ils n'en sont pas moins sacrés. Autour de vous, enfants, il y a votre famille à laquelle vous devez votre affection, dont vous devez chérir l'honneur, parce qu'il est le vôtre, et à qui vous devez compte de votre honneur, parce qu'il est le sien. Au delà de cette première famille, il y en a une autre plus vaste, plus innombrable, et qui a sur vous des droits non moins puissants. Celle-là, c'est la nation; pour nous, enfants, c'est la France. Jeunes que vous êtes, vous ne comprenez pas par quelle réciprocité merveilleuse cette affection est utile autant qu'honorable. Ne vous est-il jamais arrivé, lorsque vous êtes sortis de votre famille, d'entendre dire : cet enfant est le fils de M. un tel ; et parce que le nom de votre père est respecté, n'avez-vous pas remarqué que vous avez trouvé quelque chose de plus bienveillant dans l'accueil qu'on vous a fait, et n'avez-vous pas senti en vous-mêmes qu'il était bien de garder par votre bonne conduite le respect de tous au nom que vous portez et qui vous protége? Eh bien! enfants, à côté du nom de votre père, il y en a un autre aussi saint, c'est celui de Français; un nom de famille aussi, à la considération duquel vous devez votre vie, et qui vous rendra votre dévouement par une noble protection. Oh! mes enfants, il a été un temps où cette protection a été magnifique, un temps où votre père était encore un jeune homme, et qui cependant ressemble à un conte de fée des vieilles époques du monde. Alors, voyez-vous, quand un Français passait dans une ville d'Europe, on le saluait. En ce temps, voyez-vous, un homme seul au milieu d'étrangers furieux et ennemis passait tranquillement ; car en disant je suis Français, il voulait dire en un seul mot : la grande nation me suit de ses regards de mère, et si vous insultez ma mère en la personne de l'un de ses enfants, elle se lèvera avec son grand empereur, sa grande armée et son aigle, et viendra corriger tout un peuple pour venger l'honneur de l'un de ses fils.

Rome une fois, la nouvelle Rome, méprisa cet avis, et sa populace furieuse assassina un général français, le brave Duphot. Un mois après, Rome était prisonnière dans les filets de nos soldats, et ses magistrats, ses évêques et ses cardinaux, à genoux sur la tombe de Duphot, demandaient pardon à la France de leur crime. Cette fois elle ne put que protéger la mémoire du brave général ; mais combien de fois cette terrible leçon arrêta les projets coupables qui se tramaient contre les Français isolés ! On savait qu'il en était entré un dans un royaume étranger, et tout le royaume devait compte de cet homme à la France ; il fallait qu'on le lui rendît quand elle le réclamait, t qu'on le lui rendît sans qu'il eût à se plaindre d'aucune injure.

Vous n'avez pas vu ce beau temps, enfants ; mais aussi vous n'avez pas vu celui où la France, battue par la réunion de tous les rois et de tous les peuples de l'Europe, a subi le malheur d'une conquête. Si jeunes que vous eussiez été, cela vous eût déchiré le cœur. Comprenez-vous qu'un soldat insolent entre dans votre maison, prenne avec effronterie la meilleure place au foyer ; qu'il en écarte avec brutalité votre mère qui est malade, et réponde par un coup de sabre à votre père qui veut la défendre ! Nous avons vu cela, nous autres, enfants, nous en avons pleuré ; et si l'on s'étonne quelquefois que, jeunes encore, nous soyons si graves et si tristes, c'est que nous vivons depuis vingt ans avec un affront dans le cœur, un soufflet sur la joue, dont nous n'avons pas obtenu réparation. Nous avons vu cela deux fois, et c'était si épouvantable, qu'après avoir subi ce désespoir en 1814, nous avons tous crié en 1815, enfants que nous étions : Donnez-nous des fusils ! Croyez-moi, enfants, nous serions morts pour sauver nos mères et nos sœurs, si on eût voulu nous laisser mourir. On nous le défendit, et sans doute on sauva à la France un désespoir de plus ; car la destinée semblait avoir marqué l'heure de notre humiliation.

Dites-moi, enfants, n'y a-t-il pas un grand nom qui tourne autour de vous comme un bruit triste et fâcheux ? N'entendez-vous pas prononcer souvent le mot de Waterloo, et n'arrive-t-il pas qu'alors des éclairs de colère et de désespoir brillent dans les yeux de ceux qui vous entourent ? Cela ne vous étonne-t-il pas que ce mot blesse le cœur de ceux qui le prononcent et de ceux qui l'entendent, comme lorsqu'on parle du jour où est mort l'enfant qu'on aime ou le père qui nous chérit? C'est que ce jour, enfants, ce jour de Waterloo, fut celui où la France, notre mère commune, fut jetée à genoux devant l'Europe et foulée aux pieds par ses soldats.

Je ne veux point vous faire l'histoire de cette bataille; il faudrait vous raconter toute notre gloire pour vous faire comprendre tout notre malheur. Et puis, il faudrait prononcer devant vous des mots que vous apprendrez plus tard; il faudrait parler de trahison; il faudrait vous apprendre qu'il y a des enfants qui ont battu leur mère. Oh ! ne le sachez jamais, ne le voyez jamais; enfants, notre avenir, notre espoir, jurez que cela n'arrivera plus.

Cependant je vous en dirai ce qu'il faut que vous en sachiez, ce qui est nécessaire à l'intelligence de cette histoire, comme j'ai dû vous expliquer ce que c'est que l'amour de la patrie, pour que vous en compreniez le dévouement. Laissez-moi, pour vous le raconter, me servir d'un récit qui m'a brisé le cœur, à moi, quand je l'ai entendu, et auquel je ne rendrai, certes, ni l'accueil ni la douleur profonde qu'il avait alors.

C'était au boulevard du Temple, dans une petite baraque en bois comme il n'en existe plus; on y avait exposé un plan en relief de la bataille de Waterloo. Un plan en relief est une image en petit d'un pays, comme seraient vos joujoux de petites maisons et de petits soldats, si vous les disposiez comme une ville connue et comme l'a été une armée.

J'entrai dans cette baraque avec un ami. Un vieux soldat qui tenait, de la seule main qui lui restait, une petite badine, montrait et expliquait les mouvements de la bataille : là, les Français ; ici, la vieille garde ; sur cette hauteur, Napoléon ; là-bas, les Anglais ; plus loin, les Prussiens. A chaque mouvement qu'il nous faisait passer sous les yeux, le vieux soldat disait d'une voix solennelle : — A midi, la bataille était gagnée. Il continuait, nous montrait comment le génie de Napoléon avait conduit ses soldats, et répétait : — A deux heures, la bataille était gagnée. Il suivait son récit, et reprenait : — A quatre heures, la bataille était gagnée. Il s'oubliait alors, et continuant à nous expliquer les mouvements acharnés du combat, il redisait encore : — A six heures, la bataille était gagnée. Puis, au bout de l'horizon, il nous montrait une nouvelle armée accourant sur le champ de bataille. Ce devait être des Français. L'empereur les attendait ; l'armée les accueillit avec des cris de joie. C'étaient trente mille Prussiens. Une armée de plus à combattre après douze heures de combat ! — A sept heures, la bataille était perdue. C'était le dernier mot du vieux soldat à qui la voix manquait alors pour nous raconter comment Napoléon se jeta furieux et désespéré dans les rangs ennemis pour y mourir, et comment il ne le put pas; comment cette vieille garde impériale, à qui les Anglais demandaient de se rendre, répondit par la voix de son intrépide général Cambronne : *La garde meurt, et ne se rend pas !*

Or, enfants, il y avait dans cette vieille garde impériale un soldat qui s'appelait Louis Beuchaud. Ce soldat avait un enfant, une petite fille, qui, avec sa mère, suivait le régiment : la mère Beuchaud était vivandière. Quand la bataille commença, elle alla, comme c'était sa coutume, se placer derrière son régiment, pour donner par-ci par-là un verre d'eau-de-vie aux blessés. Quand le soir fut venu, Louise, c'était le nom de l'enfant, ne vit point revenir sa mère ; elle ne vit point son père. Tout fuyait autour d'elle, et Louise demeura seule jusqu'au milieu de la nuit, dans une cabane où on l'avait laissée. Alors, ne sachant que faire, elle se décida à aller chercher son père et sa mère. Elle alla les chercher où elle avait coutume de les trouver, sur le champ de bataille, se réjouissant et criant : Vive l'empereur ! Ce n'était pas ainsi qu'elle devait les y retrouver. Vous avez déjà sans doute appris combien l'habitude de voir souvent la même chose en détruit l'effet. Ainsi, il ne faut pas vous étonner si cette petite fille de huit ans s'avança sans crainte parmi ces champs couverts de cadavres et labourés de boulets. Mais ce à quoi elle n'était pas accoutumée, c'était à ce silence morne et lugubre qui régnait sur la plaine; ce qui ne lui était jamais arrivé, c'était de n'avoir pas rencontré quelques soldats français à qui demander où était bivouaquée la garde impériale. Louise allait donc devant elle, trébuchant çà et là sur des corps morts qui étaient épars sur la terre. De temps en temps elle voyait bien quelques groupes de soldats passer près d'elle; mais, à la lueur de la lune, elle voyait reluire leurs habits rouges comme du sang, et elle savait que c'étaient des ennemis. Elle se blottissait alors contre un mort ou dans un creux de fossé, et les laissait passer, puis elle poursuivait sa route. Enfin, elle arriva à un endroit où les corps étaient serrés comme dans une ligne de bataille, et une pensée funeste lui vint, c'est que son père était peut-être parmi tous ces cadavres. Enfant, elle lui avait très-souvent entendu dire dans ses moments de gaieté, que la mort l'avait trouvé trop dur pour l'avaler; elle l'avait vu si souvent revenir sain et sauf de terribles combats, que l'idée que son père pouvait mourir semblait impossible. Mais à ce moment elle vit bien que c'était une bataille qui n'était pas comme les autres. Où étaient les bivouacs avec leurs feux flamboyants et leurs chants de victoire? Rien que la nuit, le silence et des morts!

Alors, elle qui n'avait point tremblé de rencontrer des milliers de soldats couchés par terre, se prit à frémir à l'idée de voir son père pâle comme des cadavres qu'elle avait vus, les yeux fermés, froid et raide comme eux, et elle tomba à genoux en criant :

— Mon père, mon père, répondez-moi! mon père!
Un long soupir la fit tressaillir, et du milieu de ces cadavres un corps se souleva, et d'une voix dure, mais abattue, lui demanda : Que cherches-tu?

— Je cherche mon père, dit Louise, qui reconnut

l'uniforme du grenadier, mon père, Louis Beuchaud, et ma mère, la mère Beuchaud.

— Ah! fit le soldat qui se soutenait sur son coude, Beuchaud, le premier grenadier de la première... Cherche par ici, petite ; c'est là qu'était le régiment, tu le retrouveras, il n'en manque pas un.

— Puis il retomba, et quand Louise lui parla encore, il ne répondit plus : il était mort. Alors cette enfant, le corps penché vers la terre, alla de cadavre en cadavre, s'agenouillant près d'eux, et soulevant leur tête pour les regarder à la faible clarté de la lune. Ce fut bien long et bien horrible que cette épouvantable revue de tous ces vieux soldats, passée par cette enfant qui s'essuyait les yeux pour mieux voir; car ses larmes la gênaient et lui troublaient la vue. Enfin elle arrive à celui qu'elle cherchait. Si elle avait réfléchi, elle qui savait l'ordre d'un régiment, elle l'aurait trouvé tout de suite, le premier de la compagnie, tombé à son rang comme les autres, mais elle ne savait plus ce qu'elle faisait; elle regardait ces morts sans comprendre que son père n'avait plus rien à lui dire, et quand elle arriva à son père, elle souleva sa tête et lui cria !

— Ah ! c'est vous, mon père !

La tête retomba sur la terre, et Louise demeura à genoux, froide, immobile, sans parole, regardant son père, qu'elle secouait machinalement. Alors se formait dans sa tête l'idée du malheur de cette journée ; toute la garde était là, morte autour d'elle ; plus loin sans doute toute l'armée. Cette pensée la confondait ; elle était plus grande qu'elle, elle aurait brisé sa pauvre petite tête, si elle n'en eût été détournée par un nouvel incident.

Des maraudeurs, des misérables, semblables aux corbeaux qui viennent sur les champs de bataille pour dévorer les morts, parcouraient la plaine de Waterloo pour les dépouiller de leurs habits, comme les corbeaux de leur chair. Ils aperçurent cette enfant et l'entourèrent. Elle voulut s'échapper ; mais ils l'eurent bientôt attrapée, et l'un d'eux l'ayant attachée, la plaça sur un cheval et l'emmena avec lui. C'était une espèce de mendiant anglais, qui suivait l'armée pour ramasser les dépouilles des morts. Louise le suivit longtemps de village en village, pendant qu'il vendait les croix, les épaulettes d'or et d'argent qu'il avait ramassées. Elle subissait alors un malheur qu'elle croyait affreux. Elle ne savait point l'anglais; son maître, car elle lui appartenait presque, ne savait pas non plus le français, et c'était en la battant qu'il s'en faisait obéir. La pauvre Louise ne se doutait pas qu'un plus affreux malheur l'attendait encore. Lorsque cet homme, qui s'appelle Swith, eut fini les affaires de son odieux commerce, il se trouva avoir assez d'argent, il s'embarqua à Anvers pour retourner en Angleterre, où il emmena Louise. Celle-ci ne pouvait comprendre pourquoi cet homme la gardait si soigneusement; elle ne savait pas par quel horrible calcul il avait prévu le parti qu'il voulait en tirer. Cet homme avait cette épouvantable prévoyance du vice, qui sait le jour où il retombera dans la misère, et qui se prépare des moyens d'y subvenir, sans pour cela se corriger du vice qui doit l'y conduire.

Ainsi cet homme arriva à Londres avec une assez forte somme d'argent ; mais il la dissipa dans les tavernes où il s'enivrait tous les jours, et au bout d'un an il ne lui restait plus rien. C'est alors que Louise apprit ce que Swith voulait faire d'elle. Il fit à Londres ce que beaucoup de mendiants font à Paris : il profita de la pitié qu'inspire l'enfance pour la forcer à mendier le pain qu'il pouvait gagner en travaillant. Mais, par un raffinement odieux, il apprit à Louise une phrase anglaise dont elle ne comprenait pas le sens, et qui voulait dire :

« Je suis la fille d'un soldat français tué à Waterloo : bons Anglais, donnez-moi la charité. »

Et lorsqu'elle la sut bien, il la plaça au pied d'une colonne monumentale érigée dans la ville, et assis dans un coin de la place, il la surveillait et la menaçait de l'œil pour qu'elle répétât continuellement la même phrase.

Cette colonne, enfants, c'est celle que les Anglais ont élevée en commémoration de leur victoire de Waterloo. Nous n'avons pas craint de vous la nommer, et si les Anglais s'étonnaient de notre impartialité, nous vous nommerions aussi leur place de Waterloo, leur pont de Waterloo, leur square de Waterloo, partout ce seul nom de Waterloo écrit sur leurs monuments de triomphe, car ils n'ont que celui-là, et ils savent à quel prix ils l'ont acheté; ils savent qu'il a fallu toute l'Europe pour leur donner ce trophée. Tandis que nous, enfants, nous n'avons pas assez de place dans notre grande ville de Paris, pour écrire au front de nos édifices ou au coin de nos rues le nom de toutes nos victoires. Qu'ils se pavanent sur leur place de Waterloo, sur leur pont de Waterloo, ces fiers Anglais; il faut, quand ils viennent à Paris, qu'ils passent sur nos ponts d'Iéna et d'Austerlitz, dans nos rues de Rivoli, de Castiglione, du Mont-Thabor, de Mondovi, des Pyramides et de Lodi ; ils y passent et se souviennent alors : et quand les rues manquent aux victoires, il y a des maisons chez nous qui s'appellent l'hôtel de Wagram, l'hôtel de Bellune, le passage du Caire ; et quand les maisons ne disent pas tout, ils rencontrent des hommes qui s'appellent duc de Valmy, prince de la Moscowa, duc de Dalmatie, comte de Lobau ; et quand les hommes manquent, les gravures pendues aux murs des marchands leur crient : Eylau, Vienne, Moscou, Berlin, Naples, Madrid, Rome ; enfin, nous trouverions la colonne, ce sublime résumé de notre histoire, écrit avec le bronze des canons de dix peuples vaincus. Qu'ils gardent leur Waterloo, cette victoire de trahison! Ils l'écriraient encore dix fois sur les murs de leur ville de Londres, qu'ils n'y trouveraient pas autant de lettres que nous avons seulement conquis de capitales.

Mais vous devez comprendre ce qu'il y avait d'odieux à placer Louise au pied de cette colonne triomphale, monument de notre malheur, pour faire dire à cet enfant français : « Je suis la fille d'un soldat français tué à Waterloo : bons Anglais, donnez-moi la charité. »

La première fois qu'elle y alla, son accent étranger arrêta quelques passants, qui lui dirent de répéter, et lorsqu'ils eurent compris la phrase qu'elle répétait comme un perroquet, ils se mirent à rire, et lui tournèrent le dos. Mais un matelot ayant passé par là, trouva la chose drôle, s'arrêta et lui donna un penny, en lui faisant répéter la malheureuse phrase dont il riait comme un fou ; et quelques personnes s'étant assemblées, on jeta une foule de pièces de monnaie à la mendiante française, par dérision, et comme s'ils avaient insulté dans cette petite enfant la gloire de la France humiliée au pied de cette colonne.

Louise voyait bien que ce n'était pas la pitié qu'on éprouve d'ordinaire pour les malheureux qui lui valait les abondantes aumônes qu'elle recevait tous les jours; car la petite mendiante de Waterloo était devenue presque une célébrité, et beaucoup de belles dames avaient fait arrêter leurs équipages devant elle, pour lui jeter quelques schellings. La pauvre enfant n'y comprenait rien ; mais comme Swith la battait quand elle avait l'air triste, elle continuait à faire ce qu'il voulait. Un jour que quelques personnes étaient assemblées autour d'elle, un Français qui passait l'entendit, et lui dit avec colère :

— Va-t'en ! va-t'en, petite misérable !

Depuis bien longtemps, c'était le premier mot de français qu'elle entendît, et bien qu'il fût une injure, elle poussa un cri de joie et s'élança vers celui qui l'avait prononcé. Mais Swith se plaça entre elle et lui, et désignant le Français à la haine des gens du peuple qui s'étaient amassés, il cria :

— C'est un chien de Français qui vient nous insulter !

A ces mots, les menaces et les invectives accablèrent celui-ci, et ce ne fut qu'à grand'peine qu'il se tira des mains de quelques matelots qui ne parlaient pas moins que de le jeter à la Tamise.

La joie de voir et d'entendre un Français avait d'abord étourdi Louise; mais lorsqu'elle fut seule, elle réfléchit à ce qu'il avait dit, et elle se rappela ces mots :

« Va-t'en, va-t'en, petite misérable ! »

Ce qu'elle faisait était donc mal. Elle en fut persuadée. Un homme qu'elle ne connaissait pas le lui avait dit; mais cet homme était un Français. Et c'est dans de pareilles circonstances qu'on sent les liens de la grande famille; un Français à l'étranger, c'est un ami, c'est un frère. C'était comme si un ami et un frère lui avait dit : Tu es une misérable ! Elle demeura désespérée.

Alors elle voulut savoir ce qu'elle disait, mais Swith se refusa d'abord à le lui expliquer. Mais quand elle lui déclara qu'elle ne retournerait pas sous la colonne, il la battit et la laissa sans nourriture. La faim et la douleur furent plus fortes que Louise;

deux jours après, elle était au pied de la colonne, répétant d'un air sombre et désespéré :

« Je suis la fille d'un soldat tué à Waterloo : bons Anglais, donnez-moi la charité. »

Enfin, un jour qu'elle allait quitter sa place, où Swith ne l'avait pas accompagnée parce qu'il était malade, elle reconnut le Français qui lui avait parlé ; elle le suivit des yeux, et quand elle fut assez loin pour que personne ne la remarquât, elle courut après lui, et l'arrêtant brusquement, elle lui dit :

— Monsieur, expliquez-moi ce que je dis.

Le Français la reconnut et se recula en la repoussant.

— Par grâce, dit-elle, monsieur, expliquez-moi ce que je dis.

Et elle lui dit sa phrase anglaise :

I am the daughter of a french soldier killed at Waterloo; good' English give me charity.

— Quoi ! lui dit le Français, vous ne comprenez pas ce que vous dites?

— Non, reprit-elle ; on me l'a appris, et je le répète sans le comprendre, car mon maître me bat quand je ne le fais pas.

Le Français lui traduisit sa phrase. Louise demeura tout étonnée, elle ne comprenait pas encore ce qu'il y avait de honteux dans ce qu'elle faisait, et elle répondit :

— C'est vrai, je suis la fille d'un grenadier tué à Waterloo.

— Et vous demandez du pain à ceux qui ont tué votre père, et vous le demandez au pied de cette colonne, qui est comme sa tombe et celle de la France, et qu'on a élevée comme pour les mépriser.

Cette idée était encore bien grande pour Louise, mais elle en comprenait une partie ; elle comprenait qu'elle demandait la charité à ceux qui avaient tué son père ; et alors elle s'expliqua toutes ces risées moqueuses qui accompagnaient les aumônes qu'on lui donnait.

Elle allait suivre le Français, qui voulait l'emmener, lorsque l'implacable Swith arriva, il ne l'avait pas vue rentrer à l'heure qu'il lui avait prescrite, il avait soupçonné quelque chose ; il s'était levé, s'était traîné jusque sur la place, et grâce à l'indication d'un marchand, il avait suivi la trace de Louise. Il l'arracha au Français en le menaçant d'ameuter le peuple contre lui, et celui-ci fut obligé de fuir devant les injures et les menaces qu'à cette époque la population anglaise prodiguait aisément à tous les Français.

Louise rentra chez Swith, et celui-ci la maltraita plus rudement que jamais. Cependant ces deux scènes renouvelées l'avertirent qu'on pourrait bien chercher à savoir quelle était cette enfant, et il ne l'envoya pas à la colonne pendant plusieurs jours. Mais s'étant couché, sérieusement malade, et ayant épuisé tout son argent, il lui ordonna un matin d'aller reprendre sa place et de recommencer à demander la charité. Louise répondit qu'elle n'irait pas. Swith pensa que c'était un moment de rébellion et la menaça; mais l'enfant lui répondit qu'elle ne bougerait pas de la chambre. A force d'habiter avec Swith qui parlait un peu français, Louise s'était habituée à l'entendre et elle avait même fini par comprendre les mots anglais qu'il mêlait à ses phrases; nous n'en donnerons que le sens, car elles seraient inintelligibles pour nos jeunes lecteurs.

— Veux-tu aller à la place demander la charité? disait Swith furieux et étendu sur son lit, d'où il ne pouvait se lever.

— Je n'irai pas, dit Louise.

— Sais-tu que je vais te battre, petite drôlesse?

— Battez-moi; non, je n'irai pas.

— Ah! tu n'iras pas! cria Swith, et s'emparant d'une écuelle qui était sur la table près de lui, il la lança à la tête de Louise, qu'elle effleura et écorcha profondément. Le sang coula sur le visage de l'enfant, et Swith cria :

— Iras-tu, maintenant?

— Non, dit Louise, en essuyant le sang qui coulait sur son visage, je n'irai pas.

Puis s'approchant de lui, elle lui dit :

— Tenez, vous pouvez me tuer, mais je n'irai pas demander la charité à ceux qui ont tué mon père.

Swith la prit et il l'eût tuée s'il n'avait réfléchi qu'elle était sa dernière espérance. Il compta que le lendemain il en viendrait à bout, et la journée se passa, lui sur son lit, Louise dans un coin, la tête dans ses mains, ne pleurant pas. La nuit se passa de même. Le lendemain vint; Swith se souleva sur son lit, et dit à Louise :

— J'ai faim.

— Moi aussi, dit l'enfant.

— Eh bien, ma bonne Louise, va à la place demander la charité.

— Non, dit Louise, je n'irai pas.

— Mais je mourrai de faim sur ce grabat! s'écria Swith.

— Eh bien, dit Louise, nous mourrons tous deux, car ni pour vous, ni pour moi, je n'irai m'asseoir au pied de la colonne de Waterloo.

— Misérable ! s'écria Swith, en se tordant sur son lit d'où il ne pouvait s arracher.

Le jour se passa encore, et la nuit vint.

— Louise, dit Swith, haletant, je brûle ; à boire.

L'enfant voulut se lever, mais elle retomba assise, tant elle était faible.

— Oh ! s'écria le moribond, maintenant tu voudrais bien y être allée !

— Non, dit Louise en défaillance et en tombant sur ses genoux, je n'irai pas.

Swith furieux fit un effort désespéré et sortit de son lit.

— Eh bien ! disait-il en rugissant, tu mourras puisque tu le veux ! J'ai faim, et....

Il n'acheva pas, mais l'horrible impression de sa figure, le rire hideux qui laissa voir la blancheur de ses dents, fit à Louise l'effet d'une bête féroce qui allait la dévorer. Elle se leva pour fuir, mais elle n'en eut pas la force; elle tomba, il tomba aussi, mais sans l'atteindre. Alors ce fut une horrible chose à voir, que cet homme horrible se traînant dans cette chambre pour attraper cette enfant qui se traînait aussi pour lui échapper, et à chaque effort, oubliant tous deux que la force leur manquait, l'un disait avec rage :

— Iras-tu ?

L'enfant répondait avec résolution :

— Non, je n'irai pas.

C'est que dans cette jeune tête d'enfant, un long travail de réflexion s'était opéré. C'est qu'elle avait rassemblé tous ses souvenirs d'enfant, qu'elle s'était rappelé les larmes de son père à la première invasion des étrangers ; c'est qu'elle avait donné un sens à ces mots qu'il prononçait alors avec désespoir : Pauvre France ! pauvre armée ! C'est qu'elle avait compris, sinon tout le malheur de son peuple, du moins qu'il avait à souffrir encore comme il avait souffert. Et lorsqu'il lui revenait en mémoire l'exécration que son père lançait contre ceux qui avaient accueilli les étrangers, elle pensait qu'il la maudirait s'il vivait et qu'il sût ce qu'elle avait fait ; et l'héroïque enfant se répétait à elle-même : J'ai demandé du pain à ceux qui ont tué mon père, j'ai servi d'amusement à ceux qui ont tué mon père, à ceux qui ont chassé son empereur et brûlé les villages où l'on parle français. Elle comprenait tout cela, et elle aimait mieux mourir, mourir de faim ! le plus horrible supplice de ce monde. Et elle serait morte si le Français qui l'avait rencontrée ne se fût adressé à l'ambassade pour qu'on fît rechercher cette jeune fille. Elle avait tellement fixé l'attention des gens qui la voyaient passer tous les jours, qu'on découvrit facilement sa demeure, et on y entra au moment où elle se débattait entre les mains de Swith. On la secourut, on la ramena à la vie, et ce fut d'elle qu'on apprit cet héroïsme qui lui avait fait supporter les tortures de la faim et les approches de la mort, plutôt que de faire une lâcheté contre son pays. Enfants, ceci est beau comme de mourir pour son pays sur le champ de bataille; et ceci est vrai, car Louise Beuchaud est aujourd'hui une grande et jeune femme qui habite Meudon, au fils de laquelle j'apprenais à lire cet été; bel enfant, courageux aussi, pour qui j'ai fait ce récit afin qu'il le lût à sa mère, qui ne sait pas lire.

LE LOUIS D'OR

Ce jour-là, après une assez longue marche, nous fûmes surpris par un orage si violent, entre deux lieues à peu près avant d'arriver à Landeck, que je dis au postillon d'arrêter. Mon valet de chambre descendit pour sonner à la grille d'une avenue menant à un château de grande apparence comme construction, mais dont les abords délabrés semblaient annoncer l'incurie du propriétaire, qui sans doute ne l'habitait pas. Les bas côtés de cette grande allée étaient encombrés d'épines, de façon que c'est à peine si notre voiture put trouver une voie suffisante. Mon valet de chambre avait trouvé la grille ouverte; il lui avait suffi de la pousser, et nous étions entrés, bien convaincus que nous ne rencontrerions au château qu'un concierge, chez lequel nous pourrions nous abriter et nous réchauffer au feu. Nous arrivâmes ainsi jusqu'au château, où un domestique nous apprit que M. de P*** était chez lui. Nous lui fîmes présenter nos excuses, et demander la permission d'attendre dans une salle basse que l'orage fût un peu calmé. M. de P*** nous fit répondre que sa maison était toute à notre service ; et, comme il était onze heures et qu'il avait l'habitude de dîner à midi, il nous pria de lui faire l'honneur d'accepter son invitation. Nous n'avions aucune raison pour refuser ; je puis même dire que nous fûmes charmés de cette invitation. L'aspect de ce château avait quelque chose de si triste et de si solennel, que nous désirions vivement en connaître le propriétaire. L'état d'abandon où nous voyions cette magnifique demeure eût pu nous faire supposer un instant que

M. de P*** était quelque furieux avare qui reculait devant l'idée de lever un écu de son coffre-fort pour la plus urgente réparation, si le nombreux domestique qui habitait le château ne nous eût avertis qu'un véritable avare n'eût pas voulu nourrir tant de bouches inutiles. Ce qui piquait surtout notre curiosité, c'était l'air lugubre de tous les valets ; ils passaient devant nous avec un salut respectueux et muet, et lorsque nous leur adressions la parole, ils répondaient à voix basse et d'un air épouvanté, comme si le bruit de leur voix eût dû faire tomber sur eux les pierres de ce château. C***, dont le caractère léger trouvait matière à plaisanterie dans tout ce qu'il voyait, prétendit que nous étions tombés dans une caverne de voleurs, et m'annonça qu'il n'assisterait au dîner qu'avec un pistolet de chaque côté de son assiette.

Je lui répondis que si véritablement nous étions dans une caverne de voleurs, on n'avait pas sans doute le dessein de nous égorger ; mais qu'il était probable que le dîner qu'on allait nous servir ou les vins que nous allions boire, renfermaient des poudres narcotiques qui nous plongeraient dans un sommeil profond dont on profiterait pour nous faire disparaître. Cette plaisanterie nous mit en gaieté, et nous étions en train de nous promettre de bien nous divertir de ce que nous allions voir, lorsqu'on vint nous annoncer que le dîner était servi.

Deux énormes laquais nous précédèrent, ouvrant successivement les portes d'une longue suite de salons magnifiques, et nous annonçant à chacune de ces portes comme si ces salons eussent été occupés, et cependant il n'y avait personne. Enfin, nous arrivâmes dans un dernier salon, où nous nous trouvâmes en présence d'un homme de soixante-dix ans à peu près. Sa figure haute et grave eût paru vénérable, sans une expression de dureté implacable et de dédain cruel.

Il nous accueillit avec une politesse seigneuriale, et jeta sur C***, qui était un des plus beaux garçons de France, un regard fort peu rassurant. Il y avait dans ce regard une haine et une menace impossibles à comprendre contre un homme dont M. de P*** ne connaissait pas le nom et qu'il voyait pour la première fois. Cependant il nous demanda des nouvelles de la cour, et les écouta avec attention, mais sans un mot de réflexion.

Dix minutes n'étaient pas écoulées, qu'on nous pria de passer dans la salle à manger. M. de P***, appuyé sur deux laquais, s'y traîna plutôt qu'il n'y alla. La table était somptueusement servie, et il y avait quatre couverts; mais nous n'étions encore que trois convives. M. de P*** nous montra nos places; au lieu de s'asseoir, il resta debout devant sa chaise, et nous en fîmes autant en nous regardant d'un air fort surpris de cet étrange cérémonial, et nous encourageant à le prendre en moquerie.

A ce moment, une porte s'ouvrit, et une femme, vêtue de deuil, entra, précédée aussi de deux laquais et suivie de deux femmes. Jamais apparition surnaturelle n'eût pu arrêter la gaieté des deux jeunes étourdis mieux que ne le fit l'aspect de cette femme. C'était un visage d'ivoire encadré dans une chevelure d'ébène. Ses yeux creux brillaient d'un éclat fixe et sauvage, et nulle expression n'animait cette tête morte, Madame de P*** (c'était elle, et on l'avait solennellement annoncée) vint droit à la place vacante, et, se tournant vers moi, puis vers mon ami, nous fit à chacun une légère inclination et s'assit. M. de P*** l'imita, et nous en fîmes autant. Toute notre gaieté s'était envolée, mais notre curiosité était excitée au plus haut point. C*** essaya de parler, et, tout en laissant à la conversation une tournure générale, il s'adressa plusieurs fois à madame de P***; mais elle ne prononça pas une parole et ne toucha à rien. M. de P*** était aussi à son aise que si la femme qui était devant nous eût été une véritable statue mécanique. Nous avions hâte de voir finir cet étrange repas : un froid pénible nous glaçait, et ce fut avec joie que nous vîmes apporter le dessert : il était fort luxueux, comme le reste du dîner, mais il s'y trouvait un plat encore plus singulier que tout ce que nous avions vu jusque-là. C'était un louis d'or placé dans une assiette d'argent, et que l'on plaça devant madame de P***. Nos regards curieux interrogèrent les visages de M. et madame de P*** : celui du vieillard était comme nous l'avions vu jusque-là; celui de madame de P*** demeura impassible. Le dîner fini, nous nous levâmes, et, après avoir fait toutes les conjectures possibles sur cette histoire, nous n'y pensâmes plus. A Landeck, où nous ne fîmes que passer, nous n'eûmes pas le temps de prendre le moindre renseignement, et nous continuâmes notre route vers Constance. Quelques mois se passèrent dans les soupers et les fêtes où nous fûmes invités, l'histoire de notre dîner fut presque toujours l'incident le plus remarquable des récits que nous faisions de notre voyage. Chacun s'extasiait à cette merveilleuse apparition, et chacun cherchait une explication probable à ce que nous avions vu.

13.

Un jour où je me trouvais chez la duchesse de B*** avec le marquis de V***, qui venait des Amériques où il était demeuré près de quinze ans, j'avais commencé mon récit sans nommer personne, et j'étais arrivé jusqu'à l'histoire du louis sans que le marquis fît grande attention à mon récit ; mais quelqu'un qui connaissait déjà cette aventure s'étant écrié :

— C'est ce diable de louis, qui est inexplicable !

M. de V*** tressaillit tout à coup, et demanda quel était le louis dont on parlait. Je recommençai mon récit, et lorsque j'en vins au portrait de l'ombre au louis, et enfin au nom de madame de P***, le marquis devint aussi pâle que la châtelaine dont je lui parlais, et dès que nous fûmes seuls, il s'enquit à moi de la situation exacte du château et des moyens par lesquels j'y avais pénétré. Je lui donnai tous les renseignements qu'il me demanda, et je crus pouvoir, en retour, m'informer de lui dans quel but il voulait connaître tous ces détails. Il me répondit d'un ton grave que je le saurais bientôt, et partit.

Peu de temps après, je m'embarquai moi-même pour les Indes, où une lettre de C*** vint m'apprendre enfin le secret de cette horrible histoire. Voici, d'après la déposition des laquais, la scène qui s'était passée chez M. de P*** :

M. de V*** était arrivé seul à cheval, et avait, comme nous, demandé l'hospitalité à M. de P***, en se faisant annoncer sous le nom de comte de Gravilliers. M. de P*** l'avait reçu comme nous, et le dîner avait eu lieu avec le même cérémonial. Seulement, lorsque madame de P*** était entrée, elle avait poussé un cri terrible à l'aspect du marquis. Mais son mari se contenta de lui dire :

— M. le comte de Gravilliers.

Madame de P*** s'était assise, et, les yeux baissés, elle avait écouté dans une sorte d'égarement convulsif la voix du marquis, que la scène qu'il avait sous les yeux ne semblait pas étonner. Enfin le dessert arriva, et avec lui, le fameux louis. M. de V*** demanda d'un air dégagé quel était ce singulier dessert, et M. de P*** répondit :

— C'est madame de P*** seule qui a le secret de cette histoire.

— Je n'oserais prier madame de me la raconter, dit le marquis, mais j'ai appris dans mes voyages une histoire de louis assez curieuse pour que cela engage peut-être madame à ne pas taire plus longtemps la sienne.

M. de P***, étonné de la liberté que prenait cet étranger, allait lui imposer silence; mais madame de P*** ayant murmuré tout bas et d'un air désespéré :

— Assez... je ne puis...

M. de P*** dit tout haut, avec un accent de menace :

— Parlez, monsieur; nous vous écoutons.

— Voici donc cette aventure, monsieur :

« Il y a dix-huit ans à peu près, il y avait à Saint-Gaudens un pauvre gentilhomme qui avait une fille d'une ravissante beauté ; elle aimait un gentilhomme espagnol et en était tendrement aimée. Fiancés tous les deux, ils devaient se marier avant un mois : les publications étaient déjà faites, et le jour de la solennité désigné. »

A ces premiers mots, M. de P*** regarda plus attentivement le marquis, et madame de P*** releva la tête avec une épouvante indicible. M. de V*** continua sans se troubler :

« Le mariage des deux jeunes gens était fixé, lorsqu'un certain vicomte allemand, vieux, débauché, libertin, rencontra la jeune fille et la demanda à son père, qui, séduit par l'immense fortune du vicomte, la livra à ce misérable. »

A ce mot, M. de P*** se souleva de sa chaise ; mais il sembla que le regard du marquis le renversa, car il retomba comme anéanti, tandis que M. de V*** continuait :

« Plus misérable que vous ne croyez peut-être ; car le mariage de ce vieillard de cinquante ans avait été le résultat d'une gageure infâme. Il était l'ennemi du marquis de V***, et il avait juré de livrer tous les siens à une vengeance mortelle et terrible. »

— Vous pâlissez, monsieur de P***? Oui, vraiment !... Cette jeune fille s'appelait Lucile.

M. de P*** était livide ; sa femme semblait ne plus entendre; M. de V*** continua :

« Il l'épousa et l'emmena dans son château de Klumm.

» Savez-vous ce qui arriva maintenant ?

» Le vicomte continua sa vie honteuse, et laissa près de sa femme une sorte de valet chargé de l'espionner. Un soir, comme il rentrait de la chasse avec quelques-uns de ses amis, cet homme dit tout bas au vicomte qu'il avait vu un étranger s'introduire dans le salon de sa maîtresse.

» — Savez-vous ce que me dit ce drôle, s'écria tout à coup le vicomte : que ma femme est avec son ancien fiancé. Messieurs, le salon de ma femme n'a que deux issues : la porte de la salle à manger et l'escalier dérobé qui mène aux offices ; mettez-vous en sentinelle à chacune des issues, messieurs, et quand le galant sortira, chargez-vous de l'arrêter.

» Ceci fut fait, et le vicomte entra dans la chambre de sa femme. En effet, il y trouva le gentilhomme espagnol, qui, prêt à partir pour le Mexique, venait faire un dernier adieu à la fiancée qu'on lui avait enlevée.

» — Point de bruit, lui dit rapidement le vicomte ; je sais que vous n'êtes qu'un frère pour ma femme... Attachez ces draps à la fenêtre... Partez... plus tard nous nous reverrons.

» Puis, comme le jeune homme, trompé par cette apparence de générosité, obéissait sans trop savoir ce qu'il faisait, le vicomte lui dit :

» — A propos, monsieur le marquis, veuillez me donner un louis.

» — Pourquoi ?

» — Je vous le dirai : c'est un souvenir...

» Le marquis donna le louis, et il n'était pas

au bas de la fenêtre, que le vicomte lui cria :

» — Vous aviez oublié de payer, monsieur le marquis ; c'est le taux des femmes de cette espèce.

» Les draps étaient retirés ; le gentilhomme espagnol fut obligé de s'éloigner.

» Après cela, le vicomte quitta la chambre et demanda à ses amis si le galant était passé. On lui dit que non. Alors il engagea les personnes présentes à venir chez sa femme, leur permit de visiter partout, et il les convainquit du faux rapport du valet. Celui-ci, accusé de calomnie contre sa maîtresse, femme noble, fut condamné aux galères ; et, quant à ce louis... »

— C'est celui-ci, dit M. de P*** en se levant, et, depuis vingt ans, on le sert ainsi tous les jours à cette femme... Je vous avais bien dit que vous sauriez pourquoi je vous le demandais.

— Et vous m'avez dit aussi que plus tard nous nous retrouverions. Je me suis fait attendre, mais enfin me voilà.

Le marquis voulut tirer son épée.

— Un combat! dit le vieillard; je ne masquerai pas ma résolution sous l'apparence d'un combat. Sûr de vous tuer, je vous tuerai sans vous faire l'honneur de croiser mon épée avec la vôtre.

— Vous voulez m'assassiner? cela ne m'étonne point, scélérat. Voici vingt ans que vous assassinez cette femme.

— Eh bien donc, cria M. de P*** en saisissant un couteau, vous ne ferez pas cesser son supplice.

Il trouva dans sa fureur une force inouïe, et il allait s'élancer sur M. de V***; mais il était à peine debout qu'un coup de pistolet retentit, et il retomba sur son fauteuil, frappé d'un coup mortel.

L'affaire fut portée devant le parlement de Toulouse. Il paraît que l'on ménagea au marquis de V*** des moyens de s'évader, et depuis on n'a plus entendu parler de lui.

Madame de P*** se retira dans un couvent, et ne mourut que longtemps après cet événement. Sur sa poitrine déchirée par les cilices, on trouva le fatal louis incrusté, pour ainsi dire, dans les chairs macérées; mais jamais elle ne prononça aucune parole relative à ce louis mystérieux.

LOUIS JACQUOT

―――――

Il y a quelques années, j'étais chez l'un de nos plus célèbres généraux. C'était le soir, et quoique ce ne fût pas un jour de réception, plusieurs personnes étaient venues lui faire visite. Nous étions assis devant le feu, et nous causions tout à fait intimement, lorsqu'on annonça M. Louis Jacquot, et nous vîmes entrer un jeune officier de marine de la tournure la plus distinguée. La singularité de ce nom contrastait tellement avec ses manières, l'accueil que lui firent le général et sa femme fut si affectueux, que l'attention de tout le monde se porta sur lui.

Ce premier mouvement amena un examen de la personne de M. Louis Jacquot, qui lui fut en tout favorable, car c'était un beau jeune homme de vingt-deux ans tout au plus, ayant ce teint brun qu'on gagne à la mer, l'œil noir et grand, et l'air franc et décidé d'un brave garçon; mais ce qui n'était pas moins remarquable que sa personne, c'était sa toilette.

Quoiqu'il soit difficile de faire grand étalage d'élégance avec un uniforme d'enseigne, celui de M. Jacquot cependant était si bien taillé et si étroitement agrafé qu'il était impossible de ne pas s'en apercevoir. Il fallait que ce jeune officier eût en lui quelque chose de bien intéressant, car cette inspection qu'on fait d'une personne qui entre dans un salon se prolongea pour lui plus longtemps que cela n'arrive de coutume, et, par un hasard assez ordinaire, les regards de chacun s'arrêtèrent sur une partie de son costume tout à fait en désaccord avec le reste. En effet, au chapeau d'un feutre noir et bien lustré que M. Jacquot tenait à la main, était attachée une vieille et petite cocarde tricolore passablement flétrie et crasseuse.

Le général s'aperçut de cette remarque ; il la fit observer tout bas à sa femme, qui lui répondit par un doux sourire, et M. Jacquot qui vit ce mouvement, devint rouge jusqu'au blanc des yeux.

Ce n'était ni le rouge de la honte ni celui de la confusion qui monta au visage du jeune officier, mais celui d'un modeste embarras ; et le général, le voyant ainsi troublé, lui tendit la main, en lui disant :

— Tu es un brave garçon, Louis.

La femme du général lui tendit aussi la sienne, que le jeune homme baisa avec une vive effusion de respect et de tendresse.

Cette petite scène nous avait tous intéressés,

mais personne ne songeait à en demander l'explication. Cependant l'arrivée de ce jeune militaire avait interrompu la conversation, et chacun semblait embarrassé de la reprendre, lorsqu'un vieil officier, qui toute la soirée était demeuré assez silencieux, se lève tout à coup, et dit d'une voix rude:

— C'est donc là votre Jacquot, général? et voilà la vraie cocarde.

Et, sans attendre de réponse, il prit le chapeau des mains du jeune homme et se mit à la considérer attentivement: on eût dit qu'il avait envie de la baiser, et une larme roula de son œil sur sa moustache pendant qu'il la regardait.

Ce nouvel incident détermina la curiosité de chacun; on se leva, on examina cette mystérieuse cocarde, et quelques personnes s'étant approchées du général, elles lui demandèrent l'explication de tout cela.

— Ah! dit-il, c'est une histoire assez simple.

— C'est une histoire magnifique! reprit le vieil officier; si madame la générale voulait la raconter à ces messieurs et à ces dames, je suis sûr qu'elle les ferait fondre en larmes.

On insista, le général y consentit, le jeune officier se résigna à être ainsi mis en scène, et voici ce qui nous fut raconté:

Lors de l'entrevue de Napoléon avec Alexandre, le premier de ces deux empereurs voulant montrer à l'autre les troupes qui l'avaient vaincu, une grande revue eut lieu. Napoléon parcourait avec complaisance les rangs de sa vieille garde, lorsqu'il s'arrêta tout à coup devant un grenadier qui avait au visage une cicatrice qui partait du front et descendait jusqu'au milieu de la joue. Il le regarda un moment avec orgueil, et, le désignant du doigt à l'empereur Alexandre :

— Que pensez-vous, lui dit-il, des soldats qui peuvent résister à de pareilles blessures?

— Que pensez-vous des soldats qui les ont faites?

répondit Alexandre avec une heureuse présence d'esprit.

— Ceux-là sont morts!... dit le vieux grenadier d'une voix grave, se mêlant par ce mot sublime à la conversation des deux plus puissants monarques du monde.

Alexandre, dont la question avait embarrassé Napoléon, se tourna alors vers lui, et lui dit avec courtoisie :

— Sire, vous êtes partout vainqueur.

— C'est que ma garde a donné, répondit Napoléon en faisant un geste de remercîment à son grenadier.

Quelques jours après cette entrevue, Napoléon se promenait dans les quartiers de sa garde, pensant peut-être à la conquête de l'Espagne ou peut-être au vieux grenadier qui l'avait tiré d'embarras, lorsqu'il l'aperçut assis sur une pierre, les jambes croisées l'une sur l'autre, et faisant danser sur son pied un petit marmot d'un an ou deux tout au plus. L'Empereur s'arrêta devant lui. Mais le vieux soldat ne se leva pas de son siége ; il lui dit seulement :

— Pardon, mon Empereur ; mais, si je me levais, Jacquot crierait comme un fifre du roi de Prusse, et ça vous contrarierait peut-être ?

— C'est bien ! dit Napoléon. Tu t'appelles Jacques ?

— Oui, mon Empereur, Jacques ; et c'est ça qu'on nomme le petit Jacquot.

— C'est ton fils ?

— Non, mon Empereur ; sa mère était une brave cantinière à qui un coquin de hulan donna, il y a deux mois, un coup de sabre sur la nuque, pendant qu'elle versait une goutte d'eau-de-vie à un pauvre ancien, son mari, qui venait d'avoir une jambe emportée. Ça fait qu'elle est morte, et que l'enfant est orphelin.

— Et tu as adopté l'enfant ?

— Moi et les autres. Nous l'avons retrouvé dans le

sac de sa mère qui ne bougeait plus, rageant comme un cavalier à pied, et l'estomac vide comme les coffres du roi d'Espagne. L'ancien, qui soufflait encore un peu, nous a conté comme quoi sa mère avait été tuée à votre service, alors nous avons tous adopté le petit, et, comme c'est moi qui l'avais aperçu le premier, c'est moi qu'on a chargé de son avancement.

Napoléon considéra un moment le grenadier, qui continuait à donner à Jacquot une leçon d'équitation sur son pied, puis il lui dit:

— Je te dois quelque chose, Jacques.

— A moi, mon Empereur? vous m'avez donné la croix pour cette balafre, c'est moi qui vous dois du retour.

— C'est, reprit Napoléon, pour ce que tu as dit à l'empereur Alexandre.

— Je ne lui ai pas fait de sottise à cet empereur, est-ce qu'il s'est plaint de moi à mes chefs, par hasard?

— Non assurément, dit Napoléon, car je veux te récompenser. Voyons, que désires-tu ?

— Ma foi, répondit Jacques, je n'ai besoin de rien ; mais puisque vous voulez me faire une politesse, donnez quelque chose à ce petit; ça lui portera bonheur.

— Bien volontiers, dit l'Empereur.

Et Jacques s'étant levé, il mit l'enfant sur son bras, et s'approcha tandis que Napoléon cherchait dans ses poches un objet à donner au marmot. Il n'y trouva que quelques pièces d'or, qu'il y remit bien vite, car ce n'était pas avec cette monnaie-là qu'il avait gagné le cœur de ses soldats. Il chercha de nouveau, et ne trouva rien que des papiers. Enfin, il ne savait trop que faire, lorsqu'il découvrit sa tabatière dans un coin de son gilet, et il la tendit au petit Jacquot. Jacques se mit à rire en regardant la boîte et dit :

— Cette bêtise : donner une tabatière à un enfant qui ne fume pas encore !

L'Empereur allait répliquer, lorsqu'il sentit que l'on touchait à son chapeau. En effet l'enfant, qui était sur les bras du grenadier, avait glissé sa main dans la ganse et jouait avec la cocarde.

— Tenez, mon Empereur, dit le grenadier, le petit mioche est plus fin que nous deux, il fait comme vous : il prend ce qui lui convient.

— Eh bien! reprit Napoléon, qu'il le garde; et lui-même ayant ôté la cocarde de son chapeau, la remit à l'enfant, à qui Jacques dit en le faisant danser dans ses bras :

— Allons, fais voir à l'Empereur que tu sais parler. Et l'enfant, riant et frappant ses mains l'une contre l'autre, bégaya doucement ces mots : Vie... l'apereur !...

Depuis ce jour, Jacques fit beaucoup de voyages. Il revint à Paris, alla à Madrid, retourna à Vienne, poussa jusqu'à Moscou et accompagna Napoléon à l'île d'Elbe. Jacquot était de toutes les campagnes, tantôt mesurant ses petits pas sur les grandes enjambées des grenadiers de la garde, tantôt porté avec les bagages, quelquefois à califourchon sur le sac du grognard. Il avait un petit sabre, un bonnet de police qu'il mettait déjà sur l'oreille, et jouait du fifre comme un rossignol. Et Jacques, qui aimait et honorait son Empereur comme sa mère et son pays, avait appris à Jacquot à l'aimer et à l'honorer de même.

Cependant le grenadier était bien embarrassé de la façon dont il ferait porter la cocarde à l'enfant. Mais l'idée lui vint de l'enfermer dans un médaillon, qu'i lui suspendit au cou en lui disant :

— Écoute, Jacquot, tu feras ta prière tous les jours sur cette relique, ou je te fais manger ta soupe sans souffler dessus.

Ce qui fut dit fut fait, et, chaque jour, pendant huit ans, Jacquot s'agenouillait devant sa cocarde, priant pour son père Jacques et pour l'Empereur.

Ce temps, ces huit années suffirent pour faire monter la France au comble de la gloire et de la

14.

puissance, et pour la plonger dans les revers. Napoléon fut exilé à Sainte-Hélène, et l'armée fut licenciée; le pauvre Jacques fut renvoyé comme les autres, avec ses trois chevrons, sa croix et son petit Jacquot. Louis, qui avait alors neuf ans et qui commençait à comprendre le malheur, m'a bien souvent raconté que ce qui le frappait le plus, c'était de voir son pauvre père, qui avait fait quelques mois avant des marches forcées de quinze à vingt lieues par jour, le fusil, la giberne et le sac sur le dos, tomber, presque mourant de fatigue, au bout de quelques heures de route, alors qu'il ne portait plus qu'un petit paquet de hardes et un misérable bâton. Il s'affaiblissait chaque jour; souvent tous deux passaient les nuits dans de pauvres étables. Jacquot ramassait les débris de paille que laissaient traîner les garçons d'écurie pour en couvrir le vieux grenadier. Il le veillait chaque nuit, et lui donnait la moitié des croûtes de pain qu'il obtenait de la charité des maîtres d'auberges; mais enfin la faiblesse de Jacques devint si grande, qu'il fut forcé de s'arrêter dans une hutte abandonnée, où le pauvre soldat, vaincu par la douleur, s'écria :

— Jacquot, un peu d'eau-de-vie, ou je me meurs?

Le pauvre enfant se prit à pleurer de toutes ses forces; puis il alla se mettre sur le bord du chemin et essaya de demander l'aumône, mais il n'obtint rien. Il se désespérait tout à fait, lorsqu'une idée lui vint tout à coup, une idée comme le malheur en inspire. Il se mit à genoux, tira son médaillon de sa poitrine, et se mit à crier en sanglotant :

— Mon Dieu! mon Dieu! donnez-moi un peu d'eau-de-vie pour le père Jacques!

En ce moment, un monsieur s'approcha de Jacquot; il interrogea l'enfant, qui, à travers ses larmes, lui raconta son histoire, et qui finit par lui dire :

— Le père Jacques m'a défendu de jamais me séparer de cette cocarde : il m'a dit qu'elle me protégerait, que c'était mon bien, et je me ferais couper un bras plutôt que de la perdre. Cependant, si vous voulez m'en donner un sou, prenez-la, parce que je pourrai acheter de l'eau-de-vie au père Jacques.

L'étranger attendri répondit à l'enfant :

— Celui que tu as imploré a laissé en France quelques vieux soldats qui partageront ses bienfaits avec leur vieux compagnon ; mène-moi près de Jacques. Et cet homme...

— Cet homme bienfaisant, s'écria le jeune officier de marine en interrompant la femme du général, cet homme bienfaisant me prit dans ses bras, moi, pauvre mendiant ; il fit transporter Jacques dans son château, il le rendit à la vie, il lui assura une existence, puis il me fit élever, moi, orphelin, comme son fils, et chaque jour il m'accable de bienfaits.

Et le jeune marin se prit à pleurer en disant ces paroles ; et, comme le général et sa femme lui tenaient les mains, ses larmes roulèrent sur sa belle figure, et le général s'écria à son tour :

— Tu ne finis pas l'histoire, Louis, tu oublies de dire que je te promis de te rendre la cocarde le jour où tu reviendrais avec une épaulette gagnée comme nous gagnions les nôtres. Et, vous le voyez, la cocarde est à son chapeau ; car Louis était à la prise d'Alger, et son capitaine, qui l'avait pris aspirant, me l'a renvoyé enseigne.

A ces mots, le brave général embrassa son fils adoptif. Nous étions tous attendris.

Et le vieil officier murmura, en essuyant ses yeux :

— Je vous l'avais bien dit que vous fondriez tous en larmes.

LE ROI JEAN

Un matin du mois de janvier 1215, le primat de Londres, Langton, sortit de cette ville en descendant la Tamise ; il fit arrêter le batelet qui le portait à la hauteur où se trouve aujourd'hui Greenwich. A cette époque Groenwich ou le Bourgvert, ainsi nommé à cause des belles prairies qui le bordaient de tous côtés, à cette place où s'élève aujourd'hui le magnifique hospice bâti par Guillaume III pour les vieux marins de l'Angleterre, et qu'on peut considérer comme le pendant de nos Invalides, à cette place aujourd'hui si riche et si peuplée, il ne se trouvait alors qu'un amas de quelques misérables cabanes. Ce n'est pas que ce lieu n'eût été plus florissant lorsque existait encore l'abbaye de Greenwich ; mais, trente ans environ avant l'époque dont nous parlons, elle avait été ruinée de fond en comble par une troupe de ces bandits flamands qui inondaient alors l'Angleterre, et qui se mettaient à la solde de tout parti qui pouvait les acheter. Le primat fut reçu par plusieurs prêtres arrivés avant lui. Après quelques mots mystérieux échangés entre eux, ils se rendirent ensemble vers les ruines de l'abbaye, et y trouvèrent réuni un nombreux clergé en habits de cérémonie, avec l'étole et le surplis, quelques évêques, la mitre en tête et la crosse à la main. Le primat revêtit lui-même ses habits pontificaux, et tout aussitôt il entonna une prière à laquelle répondit le reste du clergé. Pendant ce temps on fit défiler devant Langton douze hommes, armés de pioches et de bêches, qui présentaient chacun à son tour leurs instruments au primat qui les bénissait. Cette cérémonie achevée, un vieillard fut amené par deux diacres : c'était un vieux moine échappé à la ruine de Greenwich et âgé de près de quatre-vingts ans ; il s'agenouilla devant le primat, qui appela sur lui l'inspiration céleste. Comme il se relevait, on entendit un grand mouvement, un bruit de chasse, des cris de chiens, des sons de cornets d'ivoire, des hennissements de chevaux, et tout aussitôt le roi Jean parut au milieu de ses valets et de ses limiers. Ce roi, que Walter Scott nous a montré si indolent et si fastueux dans son beau roman d'*Ivanhoé*, n'était plus à cette époque qu'un tyran soupçonneux et cruel.

— Holà ! s'écria-t-il en approchant, que veut dire cette assemblée ? D'où vient que, sans ma permission, on ose tenir de pareilles réunions ? Avez-vous à délibérer sur l'exil et la déchéance des évêques Mansfell et Ormond, que j'ai prononcée malgré les menaces du Saint-Père ? Eh bien ! n'avez-vous pas pour cet objet l'église de Saint-Paul, où je vous ai permis de vous réunir, mais la nuit seulement, afin que vous ne puissiez étaler aux yeux du peuple le coupable exemple de votre résistance à mes ordres ?

— Sire, répondit Langton, chaque chose sera faite où elle doit l'être. Nous serons ce soir à l'église de Saint-Paul pour examiner les causes de la déchéance prononcée par vous contre nos frères; nous y serons ce soir, parce que l'Église est notre patrimoine et que l'heure du soir est celle prescrite par le concile de Latran pour ces sortes de réunions, et non point par votre permission.

— Langton, s'écria le roi, mon bon ami, mon plus fidèle sujet, prends garde ; tes paroles deviennent dures et rebelles comme celles d'un baron armé ! Prends garde ! la contagion de la révolte gagne les plus dévoués lorsqu'ils s'entourent de mauvais conseils. Réponds, Langton ; que faites-vous ici parmi ces ruines et avec ces ouvriers armés de pioches?

— Sire, répliqua le primat, nous sommes à la recherche d'un trésor enseveli sous ces décombres ; l'aspect de ces ouvriers aurait dû vous en avertir.

— Un trésor ! reprit vivement Jean, tout trésor trouvé appartient par moitié à l'État, c'est-à-dire au roi, d'après l'us romain qui gouverne le Midlessex.

— Sire, répondit Langton, vous le partagerez avec nous et le peuple anglais, soyez-en assuré ! C'est là notre intention.

— Est-il d'or, d'argent ou de pierreries ? demanda le roi.

— Il est d'un prix au-dessus de tous les trésors de votre couronne, répondit Langton, d'un prix que les monceaux d'or ne sauraient atteindre.

— Alors, dit Jean en se découvrant de son chapeau, c'est quelque sainte relique rapportée peut-être de la Terre-Sainte par nos frères de la croisade.

— C'est une sainte relique, en effet, reprit Langton ; une relique enfermée secrètement dans cette obscure abbaye, et dont il faut que toute l'Angleterre profite.

— *Amen,* répondit le roi avec indifférence ; continuez, mes frères, et, s'il y en a pour tout le monde, donnez-m'en un peu, je vous prie.

— Vous en aurez, répliqua Langton, l'œil courroucé et la voix sombre.

Tout aussitôt, Jean, riant de la colère du primat, qu'il croyait irrité seulement de son peu de respect pour la sainte relique, Jean s'éloigna au galop et continua sa chasse. Immédiatement après le vieillard se mit en tête de tout le clergé et s'avança péniblement vers les ruines de l'abbaye ; il en fit lentement le tour en examinant chaque endroit avec soin. Le clergé le suivait processionnellement, et Langton, qui était près de lui, le regardait avec anxiété. Déjà deux fois on avait parcouru presque toute l'étendue des ruines, et quelques doutes murmurés tout bas se faisaient entendre, lorsque le vieux moine s'arrêta devant une pile de décombres et s'écria soudainement : « C'est ici ! » Les travailleurs s'avancèrent à l'instant et déblayèrent les décombres avec activité ;

pendant ce temps le clergé, à genoux, invoquait Dieu avec des chants pieux et les bras tendus vers le ciel. Bientôt on découvrit le maître-autel de l'église, qui n'était point détruit, mais seulement enfoui dans les ruines ; les chants redoublèrent d'ardeur, et quelques minutes n'étaient point passées qu'on aperçut une pierre avec un anneau scellé au pied de l'autel. On la souleva, et sous cette pierre on trouva une boîte merveilleusement travaillée. Les chants éclatèrent en actions de grâces. Langton s'empara de la boîte : il bénit tous ceux qui l'avaient assisté dans cette pieuse entreprise ; on donna une forte récompense aux ouvriers, et tout le monde se sépara.

Le soir venu, presque tous les prélats qui le matin avaient pris part à la sainte opération entrèrent solennellement dans l'église de Saint-Paul, tandis qu'un nombre considérable de barons et de chevaliers étaient introduits secrètement dans la maison primatiale par Langton. Lorsque l'assemblée fut complète, on ferma les portes de l'église, et les barons y pénétrèrent à leur tour. Chacun s'assit, et Langton monta dans la chaire de marbre qui était à droite de l'autel ; il prit la parole.

— Mes frères, dit-il, aucun de vous n'ignore le motif pour lequel il a été appelé ici. Si nous sommes assemblés sous le prétexte de délibérer sur la déchéance de nos frères, c'est que le temps est tel qu'il n'est plus permis aux seigneurs et évêques de l'Angleterre de se réunir à leur gré pour les affaires de l'Angleterre. Que Dieu nous pardonne ce mensonge, comme il pardonna celui de la pieuse Judith pour délivrer le peuple de Dieu des persécutions d'Holopherne. Oui, mes frères, c'est une sainte vérité, que Dieu envoie quelquefois les tyrans sur la terre pour punir les peuples, quelquefois aussi pour les exciter et les éveiller de leur indolence. Car, de même que la vie d'un homme, la vie d'un peuple doit être active et laborieuse, et comme on voit des hommes qui ont besoin de la misère pour les forcer au labeur qui les enrichit, de même on voit des peuples qui ne travailleraient point à l'œuvre de leur liberté s'ils n'y étaient poussés par la tyrannie. Grâce à Dieu, cette nécessité nous a été tellement infligée, qu'il n'existe plus un libre Anglais qui ne soit persuadé qu'un tel état de choses doit cesser. Tant que le roi Richard Cœur de Lion a vécu, nous avons souffert l'usurpation de nos droits et l'anéantissement des lois de saint Édouard et de la charte de Henri II. Mais l'admiration que nous inspiraient les grandes qualités de notre roi nous servait d'excuse. Aujourd'hui nous n'en avons aucune en présence d'un souverain tel que Jean-sans-Terre. Je n'ai pas besoin de vous faire l'énumération de ses crimes ; chacun de nous, outre la haine particulière qu'il lui doit pour quelque injure particulière, ne partage-t-il pas la haine universelle qu'il inspire au monde entier ? Usurpateur à tous les degrés, n'a-t-il pas essayé de s'emparer de la couronne de son frère Richard, tandis que celui-ci combattait immortellement pour la délivrance du saint Sépulcre ? Après la mort du

Cœur de Lion, n'a-t-il pas, de sa propre main, assassiné l'héritier du trône, son neveu Arthur, dans la tour de Rouen ? et pour ce crime, qui le montrera comme un infâme meurtrier aux hommes à venir, n'a-t-il pas été condamné à mort en la cour des pairs de France ? A cette honte d'un roi anglais jugé et flétri comme un malfaiteur en pays étranger, n'a-t-il pas ajouté, par son imprudence, la honte de la défaite et n'a-t-il pas naguère, au pont de Bovines, perdu le meilleur de nos soldats et anéanti la ligue qui devait abaisser la superbe du roi Philippe-Auguste ? Je ne vous parle ni de nos otages qu'il a massacrés, ni de nos églises et de nos châteaux qu'il a pillés et démolis.

Que sont devenus les priviléges des cités et les libertés des manants ? Il n'a respecté ni le grand qui lui portait ombrage, ni le petit qu'il ne devait point voir. C'est à nous à leur restituer leurs droits ; l'heure est arrivée, la mesure des maux est comble : le voulez-vous ainsi ?

— Nous le voulons, répondirent ensemble barons et prélats.

— Mais, s'écria tout aussitôt le vieux comte de Derby, qui avait, dit-on, cent ans révolus, que demanderez-vous à Jean? Vous parlez de droits, et vous ne connaissez pas les vôtres. Les lois de saint Édouard, ce monument des vœux de tout un peuple et de la sagesse d'un saint roi, ont été lacérées par les Normands dans tous les comtés où un manuscrit en avait été déposé, et, quant à la charte de Henri II, ne savons-nous pas qu'elle n'a été copiée qu'en trois exemplaires, dont l'un a été soustrait de la Tour de de Londres, où il était conservé; le second, déposé à Windsor, a été livré au roi Jean pour la somme de mille livres d'or; et le troisième a dû être anéanti par les Flamands.

— Le troisième! s'écria Langton, existe, et le voici. Aussitôt il le tira de sa petite cassette, qu'il avait trouvée à Greenwich. Tous les assistants, prélats et barons, se levèrent et se découvrirent à cette nouvelle, et ce fut dans cette posture qu'ils écoutèrent la lecture du précieux manuscrit. Dès qu'il fut achevé, ils l'approuvèrent avec de grands cris et résolurent d'en demander le rétablissement au roi Jean.

Dès le lendemain, cinq cents chevaliers ou barons se présentèrent devant le roi Jean ; ils étaient tous en habits de guerre et montés sur leurs chevaux de bataille. Ils arrêtèrent le roi dans une rue de Londres, au moment où il se rendait à la chasse, et lui présentèrent leur demande. Jean en montra d'abord un grand courroux ; mais s'apercevant que le peuple, qui s'était assemblé, approuvait hautement la conduite des chevaliers, il feignit de se calmer et leur promit de faire droit à leur requête à la Pâque prochaine. Les seigneurs, mal satisfaits, mais résolus de mettre le bon droit de leur côté, se retirèrent tout aussitôt, et Jean ne pensa plus qu'à s'affranchir de la promesse qu'il avait faite. Pour cela, il assembla le plus grand nombre de bandits flamands qu'il put trouver, et, avec quelques seigneurs, il se prépara à soutenir la guerre que les barons lui feraient. Ceux-ci, en effet, ayant réclamé du roi Jean l'exécution de sa promesse, n'en reçurent qu'une vaine réponse et se préparèrent à le combattre. Ils levèrent donc une armée dont ils donnèrent le commandement à Robert, fils de Gautier, sous le nom de maréchal de l'armée de Dieu. Les deux troupes, celles du roi et des barons, se rencontrèrent à Staines, près Windsor. Avant de commencer le combat, Jean fit venir près de lui Langton, qui jusque-là lui avait paru étranger aux prétentions des barons et à qui il avait ordonné de le suivre. Dès qu'il fut à ses côtés, Jean fit appeler tous les chefs de son armée jusqu'au moindre capitaine, et, lorsqu'ils furent assemblés, il se plaça au milieu d'eux avec Langton, qui portait le coffre qu'il avait retiré des décombres de Greenwich. Jean prit aussitôt la parole et dit à ses soldats :

— Je vous ai tous fait venir ici afin que vous connaissiez la justice de ma cause, en l'entendant bénir par le plus vénéré des serviteurs de notre sainte Église, et en entendant maudire celle de mes ennemis, c'est-à-dire celle de l'audace et de la révolte. Outre le courage que cette assurance doit vous donner, vous trouverez ici un plus puissant auxiliaire. Il vous sera remis à chacun un morceau d'une sainte relique qui vous rendra invincibles, si vous l'acceptez avec une foi et un cœur sincères.

Ces paroles dites, Langton approcha, et, s'élevant sur un petit tertre, il se montra aisément à tous les yeux. Un saint enthousiasme brillait sur son visage.

— Oui, s'écria-t-il, je suis venu ici pour bénir et pour maudire; mais pour bénir les justes et pour maudire les méchants. Les justes sont ceux qui veulent la justice pour tous, les méchants ceux qui veulent leurs passions et leur seule satisfaction personnelle. Que ceux qui sont justes m'écoutent, car voici leur loi et leur salut.

Et tout aussitôt il tira de la cassette la charte de

Henri II, et se prit à lire à haute voix. Jean, qui n'avait jamais soupçonné le primat, ne comprenait point où il voulait en venir; à plusieurs fois cependant il voulut l'interrompre; mais Langton, protégé par le murmure approbateur des barons, qui la plupart apprenaient pour la première fois tout ce qu'ils avaient perdu de droits, Langton acheva sa lecture, et, sa lecture achevée, il s'écria :

— Bénédiction, mes frères, à ceux qui demandent et défendent cette arche de salut; malédiction à ceux qui tireront contre elle une épée esclave et impie. Voici la liberté, c'est la sainte relique qu'on vous a promise; que chacun l'accepte d'une foi et d'un cœur sincères, et il sera invincible.

— Oh! traître! s'écria Jean en courant sur Langton l'épée haute.

— Eh quoi! lui dit le primat, ne t'ai-je pas promis de partager cette sainte relique avec toi et toute l'Angleterre ?

Aussitôt les barons qui avaient suivi le roi Jean se

précipitèrent entre lui et le primat. Ils emmenèrent celui-ci, et, sans s'arrêter aux cris du roi Jean, ils emmenèrent leurs hommes du côté des troupes de sir Robert. Les bandits flamands, se trouvant ainsi abandonnés, se débandèrent de leur côté, et Jean se trouva, en moins d'une demi-heure, seul au milieu de la plaine, avec sept cavaliers. Il résolut de retourner à Londres ; mais à peine avait-il fait quelques pas, que le comte de Pembroke accourut et lui apprit que la cité venait de se déclarer pour les barons. Jean ne désespéra point encore de sa cause, et il envoya le comte pour parlementer avec l'armée ; mais celle-ci refusa toute proposition d'accommodement si le roi ne signait à l'instant la grande charte. Jean, ne voyant aucun moyen d'échapper à cette nécessité, y consentit, et tout aussitôt les principaux chefs de l'armée s'avancèrent vers lui avec de grandes marques de respect. Des courriers allèrent avertir le clergé de Londres et le peuple de la cité de ce qui arrivait ; ils dirent aussi que la prairie appelée

Runimède, située entre Staines et Windsor, était désignée pour la cérémonie. Le peuple sortit en foule de la ville, et, sans ordres ni invitations, il éleva de lui-même un énorme amphithéâtre à un angle de la prairie, au pied d'un vaste rocher.

D'un autre côté l'armée arriva en marche triomphale et les enseignes déployées, tandis que le clergé se rendait processionnellement au rendez-vous, la croix et la bannière hautes. A cet endroit le roi monta sur l'estrade et s'assit sur le trône qu'on lui avait préparé ; il prit des mains de Langton la charte qui était contenue dans la cassette, en lut tous les articles à haute voix et jura de les tenir ; après quoi il les signa. Depuis ce jour, la charte anglaise, dite *Magna Charta*, a été solennellement jurée par tous les rois à leur avénement au trône, et n'a cessé de défendre la liberté de ce pays contre l'usurpation de ses souverains.

Il est bon de faire remarquer au lecteur que cette charte, quoiqu'elle soit, selon l'expression anglaise, le boulevard de la liberté du peuple, n'était, à l'époque dont nous parlons, que la reconnaissance des droits des nobles et des priviléges de quelques villes. Ce ne fut que cinquante ans plus tard que le comte de Leicester, ayant emprisonné le roi Édouard et voulant couvrir son usurpation par sa popularité, appela les comtés, au nombre de quarante, et les bourgs, à envoyer au parlement chacun deux députés, qui devaient avoir rang de chevalier. C'est de là seulement que date la première et faible existence de la chambre des communes, véritable boulevard de la liberté anglaise.

LE

CONSEILLER AU PARLEMENT

―――――

Parmi les antiques coutumes de l'université de Toulouse, il en était une qui s'était continuée jusqu'à la fin du dix-huitième siècle, quoiqu'elle fût tout à fait en désaccord avec les habitudes universitaires de ce temps. Lorsque l'université était un pouvoir dans l'État, ayant ses droits, ses priviléges et sa juridiction propre, elle avait souvent été obligée de soutenir ses prétentions par la force ; dans cette nécessité, elle avait entretenu parmi les écoliers un certain esprit de corps très-soumis vis-à-vis d'elle, mais très-impérieux et très-turbulent vis-à-vis des autres classes ; et pour que les écoliers pussent au besoin soutenir ses prétentions, elle avait permis et même encouragé parmi ces jeunes gens des occupations qui paraissaient devoir être exclues des calmes études auxquelles elle présidait. Ainsi chaque année, l'université donnait un prix d'escrime à celui des étudiants qui était proclamé vainqueur dans un assaut qui avait lieu en présence du parlement et des capitouls, et auquel les plus nobles dames avaient coutume d'assister. Ce prix donnait à celui qui l'avait remporté le droit de porter l'épée, quoiqu'il ne fût pas gentilhomme.

C'était la veille de ce grand jour ; dans le salon d'un de ces vieux hôtels qui peuplent encore la ville de Toulouse, étaient assis, chacun dans un vaste fauteuil, un homme de soixante ans à peu près, d'un visage triste, maigre, soucieux, et une femme d'une quarantaine d'années, belle encore, l'air superbe et très-satisfait d'elle-même. C'était le conseiller Delporte et sa femme, autrefois M{^{lle}} de Maletroit, que la pauvreté avait contrainte à se mésallier en unissant son antique noblesse d'épée à la race bourgeoise du conseiller.

Elle regardait son époux avec une attention mécontente, tandis que celui-ci poussait de temps à autre de grands soupirs vers le ciel. Enfin, elle se décida à parler, et, comme d'habitude, elle commença l'entretien par une querelle.

— Vous devenez tout à fait insupportable, monsieur, avec vos airs de malheur. Voilà un quart d'heure que vous êtes de retour à l'hôtel, et je n'ai entendu encore de vous qu'un bonjour fort sec, et depuis ce temps des lamentations étouffées. Qu'avez vous? que vous a-t-on fait?

— J'ai, dit le conseiller en se levant, que je suis fort mécontent.

— Et peut-on savoir de quoi ?

— De votre fils, madame.

— Du chevalier, de mon bon Henri, reprit la conseillère en donnant à sa voix un accent d'amour maternel et d'admiration qui devait nécessairement déplaire à son mari.

— Oui, madame, reprit le conseiller en contrefaisant les intonations de sa femme, de votre chevalier qui ne l'est pas, de ce bon Henri.

M. Delporte reprit tout d'un coup sa voix sèche et grave et continua :

— Je viens des examens, madame, et il n'y a pas un de mes confrères, il n'y a pas un procureur dont les fils n'aient montré plus d'instruction et d'étude que le vôtre. J'en ai été honteux pour lui, qui ne l'était guère et qui narguait encore. On m'avait promis de le nommer demain à la distribution des titres pourvu qu'il répondît passablement ; mais on n'est pas plus ignorant.

— Ne craignez rien, monsieur, répliqua la conseillère avec une dédaigneuse supériorité, mon fils obtiendra la seule distinction qu'il ait voulu obtenir, et demain il aura le droit de porter l'épée.

— Et à quoi cela lui servira-t-il ?

— A prouver qu'il a du véritable sang noble dans les veines.

— Ce qui ne l'empêchera pas d'être un âne fieffé.

— Un âne fieffé ! s'écria la conseillère avec une surprise furibonde ; mon fils un âne fieffé !

— Oui, madame, répéta le conseiller, et par votre faute.

— Monsieur !

— C'est vous qui l'avez encouragé dans sa paresse et ses désordres; il n'a rien voulu faire, et il ne sera rien.

— Il sera officier au service du roi, reprit Mme Delporte ; il sera ce que je désire qu'il soit.

— A votre guise, dit le conseiller. Il faut bien que j'y consente, puisqu'il n'est bon qu'à cela, si même il en est capable.

— Vous verrez demain comment il tient une épée.

— Il trouvera de rudes antagonistes.

— Il n'est pas un gentilhomme qui ne reconnaisse sa supériorité.

— Oui, mais les bourgeois ne sont pas de cet avis, et il y a le fils d'un certain drapier.

— Qu'est-ce que c'est? un drapier! s'écria la conseillère.... un drapier.... Que faites-vous là, Marie? reprit-elle tout à coup avec colère, en voyant à deux pas d'elle une jeune fille qui semblait écouter.

— Je venais vous dire, ma mère, que mon cousin, M. de Maletroit, désirerait vous voir.

— Pourquoi n'entre-t-il pas?

— Je ne sais..... je ne puis vous le dire, reprit la jeune fille avec embarras; il m'a rencontrée dans la salle, il m'a retenue, il voulait me forcer à lui répondre... et je me suis échappée pour vous dire...

— Rien qui vaille, s'écria en passant la tête par la porte un grand gaillard de six pieds, en uniforme du régiment de Provence, et qui acheva la phrase de la jeune fille. Que diable! continua t-il, on est cousins ou on ne l'est pas, et on peut causer sans s'effaroucher comme un hochequeue. Monsieur le conseiller, votre serviteur; belle tante, je suis à vos pieds. Où est donc Henri?

— Il va rentrer, je suppose, dit Mme Delporte.

— Il est encore aux examens, reprit le conseiller d'un air sec.

— Et c'est à cela qu'il perd son temps, fit le capitaine de Maletroit, la veille d'une affaire sérieuse, quand je lui ai dit que je viendrais lui donner une dernière leçon d'escrime, une leçon triomphante.

— Sa mère prétend qu'il n'en a pas besoin, dit M. Delporte avec un ton de sarcasme.

— Si, belle tante, il en a besoin; il vise trop à toucher. Il faut être adroit, j'en conviens; mais avant tout, il faut être beau. Il ne se développe pas assez. Il a les jambes bien, la cambrure élégante, mais il ne sait pas montrer ses avantages. Quand je lui aurai montré une pose dans le genre de celle-ci, vous ne le reconnaîtrez plus.

Et le capitaine accompagna ces paroles d'une démonstration physique où il faisait ressortir toutes ses beautés. A ce moment, Henri entra. C'était un beau jeune homme, un peu pâle et fatigué, d'une allure élégante, mais un peu abandonnée. Il salua son père avec un respect très-profond mais craintif, sa mère avec une tendresse affectueuse, fit un signe d'amitié à sa sœur et tendit la main à M. de Maletroit et lui dit immédiatement :

— Je vous remercie, Hector, de l'intention qui vous a amené ; mais je ne profiterai pas de votre bonne volonté : je ne me présenterai pas demain à l'assaut.

— Et pourquoi ? s'écrièrent ensemble M. de Maletroit et la conseillère.

— Je n'ai aucune chance de réussir, et je réussirais, que j'en serais fort peu flatté.

Le capitaine et la conseillère eurent beau tourmenter Henri pour savoir d'où lui venait cette résolution, si contraire à ce qu'il avait dit depuis quelque temps ; ce fut en vain. M. Delporte, qui avait d'abord attribué ce parti à un caprice sans raison, remarqua dans la manière dont Henri se défendit, une sorte de tristesse et de découragement. Il désira en savoir la cause, et, espérant que la mortification qu'avait éprouvée Henri le matin lui avait peut-être fait faire de sérieuses réflexions, il chargea sa fille Marie de l'interroger. Mais, malgré l'amitié confiante qu'Henri éprouvait pour sa sœur, il persista dans ses réponses évasives ; seulement, lorsqu'elle lui dit :

— Henri, ce n'est point par dédain que tu n'iras pas à l'assaut, c'est quelque chose de bien triste qui t'en empêche.

Henri la regarda un moment d'un air égaré et lui dit :

— Oui, Marie, c'est triste ; c'est affreux.

Et comme, sur cette parole, Marie voulait insister, Henri la quitta et s'enferma chez lui.

Le soir venu, M. Delporte ayant demandé à sa fille le résultat de sa conversation, celle-ci lui apprit et lui fit part des craintes que la conduite de son frère lui faisait éprouver. Mme Delporte monta chez son fils et le trouva couché. Il refusa de lui répondre, mais si son cœur avait été plus clairvoyant, elle aurait reconnu dans la tristesse amère avec laquelle son fils lui répondait, qu'il la rendait en lui-même responsable de ce qui lui était arrivé.

Le lendemain, jour de l'assaut, un domestique apprit au conseiller que son fils était parti dès le matin sous le prétexte d'aller à la chasse. Mme Delporte espérait toujours que son fils changerait d'avis et qu'il reviendrait au moment de l'assaut, et résolut d'y assister. M. de Maletroit l'y accompagna ainsi que Marie, tandis que M. Delporte allait s'asseoir à côté des autres magistrats. Ce fut un désappointement pour tout le monde que l'absence de Henri, car il était le seul qu'on trouvât capable de soutenir la lutte contre François Maniès, le fils d'un des plus riches drapiers de la rue de la Pomme. C'était un jeune homme à l'air franc, ouvert, et en même temps assez vantard. Lorsqu'il eut vaincu son dernier adversaire, il se posa dans la lice et se tourna fièrement de tous côtés comme pour demander s'il n'y avait plus personne qui osât lui disputer le prix, et ses yeux s'arrêtèrent du côté de Mme Delporte et sur M. de Maletroit. Celui-ci trouva le regard fort impertinent, et dit assez haut pour être entendu :

— Si c'était autre chose qu'un marchand, je voudrais lui prouver qu'il ne tient pas assez bien un fleuret pour porter une épée.

— C'est ce que vous pourrez voir quand je l'aurai reçue, répondit tout haut François.

— Oui, mais quand tu l'auras reçue, dit une voix au moment où le président allait admonester les deux interlocuteurs, et l'on vit Henri entrer dans la partie de la salle réservée au combat.

Son arrivée fut un grand événement, car on comprit que la lutte allait enfin être brillante. Mais on remarqua avec surprise que Henri était pâle et avait l'air fatigué, ses vêtements étaient en désordre et son regard avait quelque chose d'égaré.

Malgré cela, il paraît que François le considérait comme un adversaire digne de lui, car il prit un nouveau fleuret et bientôt le combat commença. De la part de Maniès, ce fut longtemps une attaque prudente et réservée, tandis que Henri lui portait les coups avec une précipitation désespérée. Cette façon devait assurer la victoire à François, mais tout à coup, au moment où il semblait que la lutte allait également s'animer des deux parts, Henri chancela et tomba évanoui. On craignit que dans le mouvement rapide des deux fleurets, celui de François ne se fût démoucheté et qu'Henri n'eût été blessé. On s'élança vers lui, on ouvrit sa chemise, et on remarqua que du sang tachait sa chemise au poignet droit. On défit cette chemise, et on vit le poignet entouré de bandes de linge fortement serrées ; c'était une blessure antérieure qui avait été pansée et qui s'était rouverte par l'effort qu'avait fait Henri.

On l'emporta chez lui, et malgré les réclamations de M. Maletroit, le prix fut donné à François, qui reçut des mains du président l'épée qu'il devait désormais porter.

Le capitaine, furieux de cette décision, voulut s'en venger et attendit Maniès à la sortie du parlement, pendant que l'on continuait la séance où on allait distribuer des prix d'un autre genre.

Malgré son inquiétude, M. Delporte n'avait point quitté son poste; c'eût été, selon lui, manquer à la dignité de son titre, que de paraître ému d'un événement de famille lorsqu'il avait un devoir à remplir, si minime qu'il pût être.

François, accompagné de son père et de ses parents, qui avaient assisté à la séance, traversait la place du Capitole, lorsqu'il sentit qu'on frappait avec une badine sur l'épée qu'il portait; il se retourna vivement et vit M. de Maletroit qui lui dit insolemment :

— Qu'est-ce que c'est que ça, une aune dans un fourreau ?

— C'est une épée ! s'écria le jeune Maniès.

— Est-elle aussi longue que ma badine, repartit le capitaine en présentant un petit jonc qu'il tenait à la main de manière à en frapper François à la joue.

— Elle est assez longue pour vous traverser le cœur, dit François en tirant son épée avec fureur.

— C'est ce que je veux bien vous permettre d'essayer si vous voulez me suivre derrière le rempart.

Le rendez-vous fut accepté ; mais la scène avait été si publique, qu'une multitude considérable suivit les combattants, et parmi eux, le père de Maniès, qu'on ne put empêcher d'être témoin de cet affreux spectacle. Son anxiété ne fut pas longue ; à la troisième botte, M. de Maletroit reçut un coup d'épée dans le cœur qui l'étendit mort. Quelques amis se chargèrent de cacher François, qui venait d'encourir une peine sévère pour avoir tué un gentilhomme, et M. Maniès, au lieu de rentrer chez lui, voulut aller immédiatement faire la déclaration de ce qui venait de se passer à l'un des membres du parlement, espérant que la gravité et la publicité de la provocation, attestée par plus de trente témoins qui le suivaient et qui peut-être eussent reculé plus tard, pourrait servir d'excuse à son fils.

Mais les premiers magistrats chez qui il se présenta étaient tous au Capitole et ne devaient pas rentrer, attendu qu'après la séance il y avait un dîner de gala, comme on appelait alors ces festins solennels. M. Maniès allait renoncer à faire cette déclaration le jour même, lorsqu'il rencontra M. Delporte, rentrant chez lui à pied, mais en robe et accompagné de deux assesseurs, ce qui le constituait dans l'exercice de ses fonctions. Le conseiller n'avait pas quitté la séance, mais il s'était dispensé d'assister au banquet. M. Maniès l'accosta, et le conseiller, toujours rigide observateur de ses devoirs, lui dit qu'il était prêt à l'entendre, et rentra chez lui accompagné de M. Maniès et de ses témoins.

Déjà la maison était en rumeur, car on avait eu toutes les peines du monde à faire revenir Henri de son évanouissement. Mme Delporte, en voyant tout ce monde traverser la cour de l'hôtel, alla au-devant de son mari et lui dit, malgré la présence de tout ce monde :

— Enfin, vous voilà, monsieur ; votre fils se meurt, et vous n'avez pas cru devoir quitter le parlement.

M. Delporte pâlit, mais il répondit d'une voix calme :

— Retournez donc près de lui, madame, car je ne puis encore le voir, j'ai à recevoir la déposition de M. Maniès.

— M. Maniès ! s'écria Mme Delporte, le père de ce manant qui a profité de ce que mon fils avait été blessé au bras par les morsures d'un loup ; laissez-le, cet homme et son engeance à qui on a donné une épée qu'elle est incapable de porter.

— Elle en est capable, madame, s'écria le père Maniès, furieux du ton de mépris de Mme Delporte, et l'engeance vient de le prouver à M. votre cousin de Maletroit, qui maintenant n'insultera plus personne.

Cette nouvelle fit oublier un moment à Mme Delporte le danger de son fils, et, accablant le marchand d'injures, elle pressa son mari de recevoir la déposition et annonça qu'elle et tous les Maletroit poursuivraient cette affaire jusqu'à la mort du coupable.

Si M. Delporte eût été un homme à être influencé par aucune considération particulière, l'acharnement de sa femme l'eût peut-être rendu plus indulgent pour François; mais le conseiller avait, vis-à-vis du duel, des principes arrêtés, et malgré tout ce que purent dire les témoins sur la brutale agression de M. Maletroit, il déclara à M. Maniès qu'il poursuivrait François avec toute la rigueur voulue. M. Maniès se retira désespéré, et le conseiller monta chez son fils. Henri était plus calme, et il raconta qu'étant allé à la chasse dans un bois, il s'était assis près d'un arbre et avait déposé son fusil près de lui, et que tout à coup un loup s'était élancé sur lui et l'avait mordu avant qu'il eût eu le temps de l'armer.

Ce conte ne parut pas satisfaire M. Delporte; il éloigna tout le monde et demeura avec son fils, avec lequel il eut un long entretien. Puis il rentra dans son cabinet pour y rédiger un rapport sur la déposition qu'il avait reçue.

La nuit était venue et il venait de finir ce rapport, lorsqu'on lui annonça que deux hommes voulaient absolument lui parler; sa femme était avec lui, mais malgré ses instances il avait positivement refusé de lui faire part de ce rapport; elle se retira avec colère au moment où l'on introduisit ces deux hommes. Cependant elle eut le temps de reconnaître M. Maniès et son fils; son mari crut remarquer qu'elle leur avait adressé un geste de menace. M. Delporte sembla frappé de stupeur en voyant M. Maniès et son fils, mais il leur demanda cependant ce qu'ils désiraient. Le ton de M. Maniès était bien différent de celui du matin. Il regarda le magistrat en face, d'un air de bravade, et lui dit presque avec insolence:

— Je suis fâché de vous déranger, monsieur le conseiller, mais mon métier est de vendre et le vôtre de recevoir des déclarations, et j'en ai une nouvelle à vous faire.

— Jeune homme, dit le conseiller à François, j'ai besoin de monter chez mon fils pendant cinq minutes, je vous laisse seul ici avec votre père.

En disant cela, il quitta son cabinet et alla chez sa femme, qu'il trouva occupée à écrire.

— Que faites-vous? lui dit-il.

— J'avertis le prévôt que le meurtrier d'Hector est dans votre maison.

— Et pourquoi faire?

— Pour qu'il n'en puisse sortir, car je vous ai deviné, votre intention est de le laisser échapper.

M. Delporte prit la lettre, la déchira malgré les représentations de sa femme, et sembla écouter avec anxiété si quelqu'un entrait dans l'hôtel ou en sortait. Nul bruit ne se fit entendre.

Il quitta sa femme et rentra dans son cabinet. M. Maniès père y était encore avec son fils.

— Vous ne m'avez pas compris, monsieur, lui dit le conseiller, que la volonté de Dieu s'accomplisse.

— Eh bien, oui, dit M. Maniès d'un air de triomphe, que la volonté de Dieu s'accomplisse ! Monsieur le conseiller, vous avez été juste envers moi ce matin ; mon fils a commis un crime et il doit en être puni, aussi vous voyez que je vous l'amène ; mais son crime n'est pas le seul qui ait été commis aujourd'hui à Toulouse. Pendant que j'étais au Capitole avec mes apprentis et que ma maison était seule, on s'y est introduit par-dessus le mur de la cour, qui est mitoyen avec celui d'une maison qui n'est pas habitée et qui vous appartient ; on a forcé les portes, brisé ma caisse et volé mille louis qui s'y trouvaient. Le voleur n'a pas cependant fait cela sans trouver de résistance, car il a été obligé de tuer mon chien Castor, qui a dû le mordre cruellement, car il avait la gueule pleine de sang. C'est un chien grand à peu près comme un loup, et dont les morsures sont aussi profondes, ajouta M. Maniès en regardant ironiquement M. Delporte.

— Est-ce tout, monsieur ? dit M. Delporte avec un calme effrayant.

— Si ces preuves ne suffisaient pas, dit M. Maniès d'un ton moins assuré qu'en commençant, si ces preuves ne suffisaient pas, vu l'espèce d'alibi que le coupable a voulu établir en se montrant immédiatement après le crime dans un lieu où vous étiez vous-même, si ces preuves, dis-je, ne suffisaient pas contre...

M. Maniès s'arrêta.

— Contre mon fils, dit le conseiller froidement.

M. Maniès resta confondu et ajouta en balbutiant:

— Ce pistolet abandonné par le coupable...

— Voyons, dit M. Delporte.

Il prit le pistolet et l'examina.

— Ce pistolet est chargé?

— Oui, monsieur le conseiller.

— C'est bien.

M. Delporte sonna, et, de la voix dont il eût donné un ordre indifférent, il remit le pistolet à un domestique et lui dit :

— Allez demander à mon fils s'il reconnaît cette arme pour lui appartenir.

M. Maniès, qui s'imaginait que le conseiller allait nier et que, dans le débat, il lui arracherait une promesse de sauver François, commença à se croire pris dans un piége, et lui dit en tremblant :

— Mais, monsieur le conseiller, ce n'est pas cela que j'attendais.

— Qu'attendiez-vous donc ?

— J'espérais..... Je croyais que pour votre honneur... que pour votre fils.....

— Ma porte a été libre pendant cinq minutes.

— Eh bien, je retire ma plainte..... laissez-nous partir ....

Le conseiller parut hésiter; mais presque aussitôt le domestique reparut en disant :

— M. Henri a reconnu cette arme comme lui appartenant.

Il y eut un moment d'affreux silence.

— Vous voyez bien, s'écria M. Maniès, que j'avais le droit d'attendre de vous.....

Une détonation se fit entendre, et M. Delporte répondit :

— Vous aviez le droit d'attendre justice; elle est faite d'une part, et elle se fera de l'autre.

On entendit bientôt des cris et un tumulte affreux dans la maison. Henri s'était fait sauter la cervelle. Un mois après, François fut pendu comme meurtrier de M. Maletroit.

LA

MORT DE DURANTI

―――

Comme la nuit était prête à finir, deux hommes à cheval et en habits de chasse se présentèrent à la porte Saint-Étienne de Toulouse. Ils éprouvèrent d'abord quelque difficulté à se faire ouvrir; mais lorsqu'ils eurent montré la croix à double barre que l'un portait sur son feutre et l'autre sur la manche de son pourpoint, on les laissa passer sans difficulté. Puis, quand ils eurent déclaré leurs noms, il se fit une grande rumeur parmi la garde des bourgeois qui veillait à la sûreté de la ville. L'un de ces hommes était Urbain de Saint-Gelais, évêque de Comminges ; l'autre était Tournier, avocat au parlement de Toulouse, tous deux députés de la province aux états généraux de Blois. Leur retour subit parut à tous l'annonce de quelque événement important et désastreux ; on s'empressa autour de leurs chevaux qui étaient couverts de boue et paraissaient épuisés de fatigue ; on les questionna avec curiosité, mais ils se contentèrent de répondre, Tournier parlant pour tous deux :

« Braves bourgeois, nos frères, préparez-vous au courage et à la lutte ; il est advenu un terrible événement qui met le royaume en péril. — Le roi Henri III serait-il mort ? s'écria quelqu'un de la troupe renommé pour être un décidé politique, c'est-à-dire un partisan du roi. — Henri de Valois est vivant, répéta Tournier, mais l'union catholique est frappée au cœur. Le saint duc Henri de Guise a été assassiné. — C'est un coup des huguenots, ajouta celui qui avait parlé d'abord. — C'est un coup plus perfide et plus lâche, reprit Tournier ; c'est à la fois trahison et ingratitude : c'est un coup parti de Henri de Valois. » Là-dessus un grand murmure d'indignation s'éleva ; mais celui qui avait déjà deux fois pris la parole s'écria avec véhémence : Béni soit Dieu ! les Lorrains ont appris que la couronne de France est comme l'arche du Seigneur, et que la main qui veut y toucher sacrilégement tombe et périt en poussière. Les bourgeois demeurèrent tous silencieux ; mais Tournier, faisant faire quelques pas à son cheval, pour le mettre hors de la portée de l'épée de ce bourgeois, lui dit avec un sarcasme cruel : « Ah ! Jean de Vertpuis, ce sont bien là les principes de ton patron et maître, le sieur Duranti. La mauvaise semence est tombée en bon terrain pour y fructifier ; prends garde qu'elle ne monte si bien qu'on n'y trouve de quoi faire un bois à potence. — Eh ! s'écria Jean de Vertpuis, je l'arroserais de ton sang s'il pouvait la faire croître assez pour y pendre tous ceux de ton espèce. » Les bourgeois s'interposèrent alors et

Tournier leur cria en s'éloignant : « Éveillez tous les membres du conseil des dix-huit, camarades, et dites-leur de se rendre chez Pelletier, où nous allons de ce pas. » Tout aussitôt ils partirent au galop et les bourgeois se dispersèrent par les rues, pour aller heurter aux portes de ceux à qui l'on avait confié la garde de la ville en défiance des capitouls. De son côté, Jean de Vertpuis courut à l'hôtel du premier président Duranti, de façon que le poste fut presque abandonné, et qu'en ce moment M. de Montmorency, à qui le roi avait rendu son gouvernement du Languedoc et à qui la ville de Toulouse refusait obstinément d'ouvrir ses portes, eût pu facilement s'en emparer...

Bientôt toute la ville fut en émoi. On voyait les bourgeois sortir armés et courir les uns chez les autres pour s'enquérir de la triste nouvelle. Enfin le plus grand nombre s'établit sur la place de l'Hôtel-de-Ville, tandis que d'autres allaient écouter les sermons de Richard, provincial des Minimes, de Clément Dupuis, provincial des Jésuites, et d'Odard Moté, qui les surpassait tous deux en fougue et en insolent mépris de l'autorité royale. Urbain de Saint-Gelais lui-même s'était fait ouvrir d'autorité les portes de Saint-Sernin, et là il racontait au peuple assemblé l'assassinat du duc de Guise, et pérorait à ce sujet, bien qu'il n'eût aucun droit de parler en cette église où il ne tenait aucun rang. Du reste, le meurtre de Guise était le texte de tous les sermons et de tous les discours, car Tournier en faisait pendant ce temps un horrible récit au conseil des dix-huit, assistés des capitouls et de soixante des plus notables habitants constituant ensemble le corps de ville. Mais le succès des orateurs fut bien différent. Car tandis que le petit peuple et la minime bourgeoisie, excités par l'évêque et les deux moines, poussaient des cris de mort contre Henri de Valois et ses partisans, le corps de ville imposait silence aux avocats Tournier et Grégoire, qui prétendaient exclure le premier président Duranti du droit de justice et d'administration que lui donnait sa charge. Cependant Jacques Daffis, avocat général et beau-frère du premier président, l'avait informé par messager des dispositions du peuple, en l'avertissant du danger éminent qu'il y aurait pour lui à braver cette exaspération populaire. Comme il venait de répliquer avec véhémence à Chapellier, l'un des dix-huit, sur la grave question que celui-ci avait élevée en prétendant qu'en pareille circonstance l'on ne devait plus obéissance au roi, il s'aperçut que Tournier et Grégoire avaient disparu de l'assemblée. Il jugea qu'ils étaient aller tramer quelque nouvelle machination, et il se levait pour demander qu'ils fussent déclarés factieux, lorsqu'un grand tumulte se fit entendre. Soudainement plus de six cents bourgeois, tous armés et les hallebardes en mains, se précipitèrent dans l'assemblée, criant qu'ils avaient droit de prendre part à la délibération. Vainement le président Bertrand demanda leur expulsion ; ils prirent place aux acclamations du peuple qui du dehors poussait des hurlements de triomphe en leur faveur, tandis que les nouveaux venus répondaient par le cri : A bas Duranti ! mort à Duranti ! Tout à coup, une immense acclamation partit de la place de l'Hôtel-de-Ville, à laquelle succéda rapidement un si profond silence que l'on put entendre le bruit d'un pesant carrosse qui traversait la place au galop de ses chevaux. A ce bruit le même silence gagna l'assemblée, et chacun s'y regarda avec stupéfaction, lorsqu'on entendit le carrosse entrer avec fracas sous les portes de l'hôtel de ville. Chapellier indigné s'écria tout aussitôt avec fureur : « Eh quoi ! ce bruit vous étonne? Avez-vous entendu la foudre Et ce homme qui, dans son insolence, a le premier tenté en cette ville de se faire traîner dans un carrosse, pour imiter le bruit du tonnerre ? Comme le roi impie d'Agrigente, vous semble-t-il le porter en sa main? »

Comme il allait continuer, Duranti parut au milieu de l'assemblée, et, par un mouvement de respect invincible, elle se leva tout entière à son aspect.

Il s'élança jusqu'à la place occcupée par le président Bertrand, et lui fit signe d'en choisir une autre. Chapellier, malgré la contenance et la surprise de l'assemblée, sachant bien tout ce qu'il y avait de fanatisme sous ce respect involontaire, s'écria audacieusement : « Que vient faire ici le traître Duranti ? — Il vient te juger, répondit le président. — En quel nom ? s'écria Chapellier. — Au nom de Henri III, notre légitime souverain. — Il ne l'est plus ! s'écrièrent cent voix irritées ; c'est un assassin et un traître. — Ah ! reprit Duranti, en sommes-nous là, mes maîtres, que les traîtres accusent de trahison ? D'où vient que je vois ici ceux qui n'ont point droit de s'y trouver ? d'où vient que l'on y délibère de choses qui ne sont pas du ressort de cette assemblée ? — Cela vient, s'écria Tournier, de ce qu'il n'y a plus ni loi ni sûreté dans le royaume pour les vrais catholiques, et qu'il est juste que chacun s'occupe du salut de tous. — Le salut de tous, reprit Duranti, repose en de meilleures mains que celles où je vois briller les hallebardes et les poignards. Place ! place ! bourgeois et avocats, place au Parlement que je viens de convoquer ; et s'il vous reste quelque respect pour ceux qui ont sauvé trois fois la ville de Toulouse de la fureur des huguenots, rangez-vous et faites-leur la haie, afin qu'ils croient que c'est pour les honorer que vous avez pris vos arquebuses et vos épées, et non pour les insulter. Car, sur le Christ ! je vous le jure ici, le premier qui n'attendra pas la décision du Parlement en respect et soumission, payera sa rebellion de sa tête. »

Sur ce, les portes latérales de la salle s'ouvrirent à deux battants, et le Parlement se présenta en masse, en longues robes rouges. Le premier instant d'étonnement contint l'assemblée pendant quelques moments : mais tout à coup Urbain de Saint-Gelais se précipita dans la salle à la tête d'une troupe furieuse de petit peuple ; l'évêque était armé d'une cuirasse, il portait un crucifix d'une main et de l'autre une longue épée ; deux jésuites, Clément Dupuis,

Odard, Moté et le minime Richard, le suivaient pareillement armés. Le trouble de l'assemblée fut alors porté à l'extrême ; de tous côtés on entendait des cris de mort et de fureur. Quelques membres du Parlement, épouvantés de ce tumulte, s'évadèrent par la porte qui menait aux salles extérieures, de façon qu'au bout de quelques minutes Duranti et Daffis demeurèrent presque seuls pour contenir toute cette foule de furieux. Les menaces devinrent alors terribles contre ces deux hommes courageux, et déjà les épées et les hallebardes étaient dirigées vers eux, lorsque Duranti, se levant avec autorité, se couvrit de son bonnet, et s'écria de sa voix forte et puissante : « Donc, puisqu'il le faut, que justice se fasse !!... » et soudain un homme sortit de la porte qui était près du siége du président, un seul homme armé d'une hache, contre toute cette populace, mais un homme devant lequel elle recula avec épouvante, car cet homme était Pierre Balpeau, le bourreau de la ville. La foule s'enfuit en tumulte en poussant de grands cris, et la loi, méconnue dans sa calme représentation en la personne de Duranti, reprit tout son pouvoir lorsqu'elle apparut sous la forme terrible du bourreau. Après cet incident la séance du Parlement continua. Mais, si cette assemblée n'enfermait pas de factieux à pique et à épée, elle en possédait dont l'éloquence était peut-être plus redoutable. Le président Paulo était de ce nombre : il ne craignit pas de renouveler la discussion sur l'obéissance qu'on devait au roi, et il poussa l'audace jusqu'à frapper avec mépris le portrait de Henri III, placé dans une partie de la salle. Duranti, espérant que le temps et la nuit calmeraient la fureur populaire, laissa continuer la discussion sans jamais vouloir mettre aux voix la question dont il s'agissait. Cette tactique lui réussit; et, la nuit venue, la séance fut levée et renvoyée au lendemain. La chose dura ainsi trois jours de suite. Mais les ennemis de Duranti n'avaient pas perdu leur temps; ils avaient organisé un complot, et lorsque Duranti sortit le soir du troisième jour pour rentrer dans sa maison, il fut assailli par des hommes apostés, qui tirèrent plusieurs coups d'arquebuse dont son carrosse fut traversé; mais le cocher, mettant ses chevaux au galop, sauva son maître des coups des assassins, et déjà il atteignait les abords de la maison de Duranti lorsque le carrosse fut renversé en passant sur la pierre de mardelle d'un puits que le peuple avait traînée au milieu de la rue. Duranti, obligé de descendre de voiture, voulut gagner sa maison, mais il vit qu'elle était entourée, et il retourna furtivement à l'hôtel de ville pendant que les assassins égorgeaient un de ses laquais qui s'était blotti dans le carrosse et que, dans l'ombre, ils avaient pris pour lui.

Une fois dans l'hôtel de ville, il rouvrit les séances du Parlement; et celui-ci, dans l'intention de sauver son président de la fureur populaire, prononça un arrêt qui l'exilait immédiatement de la ville. A cette nouvelle, Chapellier court chez Urbain de Saint-Gelais, et là, en présence de quelques membres factieux du Parlement parmi lesquels Caumels tenait la première place, il leur montre que si Duranti sort de la ville, il excitera toute la province contre eux et l'entraînera par sa puissante autorité ; enfin, dans la fureur de sa haine, il conclut à ce que le peuple soit encore une fois armé et à ce que Duranti soit égorgé. Mais cette proposition ne souleva qu'indignation, et Urbain de Saint-Gelais le premier déclara qu'il entendait le triomphe de la sainte cause autrement que par le meurtre et l'assassinat ; il demanda seulement que Duranti fût retenu prisonnier, déclaré déchu de ses fonctions et enfermé au couvent des Jacobins. Cette résolution, apportée par Caumels à l'hôtel de ville, fut adoptée à l'unanimité par le Parlement, et comme Duranti refusait d'y souscrire, disant que c'était un moyen de le livrer pendant le trajet à la fureur de ses ennemis, les évêques de Comminges et de Castres s'engagèrent par serment à l'accompagner et à le protéger ; il descendit donc ayant ces deux prélats à ses côtés et entouré d'une troupe d'argolets l'arquebuse à la main. Quelque redoutable que fût cette escorte, elle ne put traverser la multitude sans voir ses rangs pressés et culbutés; au détour de la rue Daurade, elle fut forcée, et les assassins arrivèrent jusqu'à quelques pas de Duranti. Sa vie paraissait perdue en ce moment, lorsque l'évêque de Castres, levant sa main pontificale sur les assassins, leur dit d'une voix pleine d'autorité : « Au nom du Père, du Fils et du Saint-Esprit, peuple, je vous bénis. » A ces mots, à ce signe, les meurtriers étonnés, courbant la tête et tombant à genoux, laissèrent passer le cortége qui arriva ainsi jusqu'à l'église des Jacobins. Dans cet asile, rien ne semblait pouvoir menacer les jours de Duranti, car une garde nombreuse y fut placée pour veiller à sa sûreté. Mais il arriva que Daffis, qui était parvenu à s'échapper de la ville, écrivit au maréchal de Matignon pour le prévenir des dangers du premier président. Ces lettres, interceptées sur le courrier qui les portait, furent remises au conseil des dix-huit, et tout aussitôt Chapellier, Tournier et Grégoire, s'en emparant, les lurent au peuple, en les commentant de manière à prouver que Duranti, enfermé dans un couvent où personne ne pouvait le visiter, avait voulu livrer la ville aux ennemis de la foi. Odard Moté et Clément montèrent de nouveau en chaire et prêchèrent avec fureur la populace irritée. Il n'en fallut pas davantage; tout le bas peuple de la ville, précédé de Chapellier, s'élance vers le couvent des Jacobins, et, sans vouloir écouter les représentations des bons citoyens, assiége une porte du couvent qui ne servait que pour les charrois. On tente d'abord de l'enfoncer; n'ayant pu y réussir à cause de la quantité de charrettes que les moines avaient amassées derrière pour la soutenir, on y met le feu et les furieux pénètrent dans le couvent, sans que les soldats qui avaient été gagnés fassent la moindre résistance. Chapellier arrive le premier dans la chambre de Duranti et lui crie que le peuple le demande. Alors Duranti se levant lui répondit :

« Il faut donc que je me prépare à paraître devant Dieu. » Il se mit aussitôt à genoux et fit une courte prière : et comme sa femme, Rose Caulet, s'attachait à lui et ne voulait pas le quitter, il lui dit en la remettant à quelques moines : « La mort n'est point épouvantable lorsqu'elle n'est que la fin de la vie et non pas son châtiment. Prends confiance en Dieu et ne lui demandons que consolation et non point vengeance. » A l'instant, Chapellier l'entraîna brutalement jusqu'à la porte du couvent, et le présentant au peuple, il s'écria avec fureur : « *Ecce homo*, voilà l'homme. — Oui, dit Duranti, voici l'homme innocent, que lui voulez-vous ? » Le peuple, à son aspect vénérable, à l'accent vertueux de sa voix, demeura d'abord interdit. Mais un coup de mousquet, parti des rangs les plus éloignés de la multitude, atteint le premier président à la poitrine et le renverse. Aussitôt les plus rapprochés de Duranti, comme honteux de la terreur qu'il leur avait d'abord imprimée, s'élancent sur lui et le percent de mille coups. Une fois dans le délire du crime, ils ne s'arrêtent pas à l'assassiner et outragent ignominieusement le cadavre insensible de Duranti ; ils lui attachent une corde aux pieds, et le traînent ainsi par la ville jusqu'à la place Saint-Jacques où était dressé l'échafaud en pierre où l'on exécutait les criminels. Mais comme il ne s'y trouvait pas de potence pour y pendre le cadavre, on le dressa sur les pieds et on le lia au pilori. Les uns lui arrachaient la barbe comme des lièvres à un lion mort, les autres le suspendaient par le nez qu'il avait très-aquilin.

Bientôt un autre groupe de factieux se précipite sur la place, traînant le portrait du roi qu'ils avaient enlevé à l'hôtel de ville, et ils l'attachent au même pilori que Duranti ; puis toute cette foule se met à danser autour de l'échafaud avec de grands cris de joie. Pendant ce temps, l'avocat Tournier forçait la maison de Duranti et la livrait au pillage. Ainsi fut perdue la bibliothèque de ce savant magistrat, qui renfermait, dit-on, une foule de manuscrits originaux du plus grand prix sur l'histoire du Languedoc. Pendant la nuit, un capitoul fit enlever le cadavre de Duranti et le portrait du roi, et fit ensevelir les restes en lambeaux du premier président dans les restes en lambeaux du portrait de Henri III.

FIN

TABLE

Le Tour de France.. 1
Le Cocher du Maréchal G...................................... 157
La Poupée de la fête aux Loges............................... 175
L'Orpheline de Waterloo...................................... 189
Le Louis d'or.. 221
Louis Jacquot.. 235
Le Roi Jean.. 249
Le Conseiller au Parlement................................... 269
La Mort de Duranti... 293

Impr. L. TOINON et Comp., à Saint-Germain.

COLLECTION MICHEL LÉVY. 1 fr. le vol. (Extrait du Catalogue)

AMÉDÉE ACHARD
Dernières Marquises. Femmes honnêtes. Parisiennes et Provinciales. Robe de Nessus.

A. D'ARNIM (*Tr. Th. Gautier fils*)
Contes bizarres.

ADOLPHE ADAM
Souvenirs d'un musicien. — Derniers Souvenirs d'un musicien.

W. AINSWORTH (*Trad. Revoil*)
Le Gentilhomme des grandes routes.

GUSTAVE D'ALAUX
L'empereur Soulouque et son Emp.

***
Madame la duchesse d'Orléans, Hélène de Mecklembourg-Schwerin.

***
Souv. d'un officier du 2e de zouaves.

ALFRED ASSOLLANT
Histoire fantastique de Pierrot.

XAVIER AUBRYET
La Femme de vingt-cinq ans.

ÉMILE AUGIER
Poésies complètes.

***
Les Zouaves et les Chasseurs à pied.

J. AUTRAN.
Milianah, épis. des guerr. d'Afrique.

THÉODORE DE BANVILLE
Odes funambulesques.

J. BARBEY D'AUREVILLY
L'Amour impossible. L'Ensorcelée.

Mme DE BASSANVILLE
Les Secrets d'une jeune fille.

BEAUMARCHAIS
Théâtre, Notice de L. de Loménie.

ROGER DE BEAUVOIR
Aventurières et Courtisanes. Cabaret des morts. Chev. de Charny. Chev. de St-Georges. Hist. cavalières. Lescombat. Madem. de Choisy. Moulin d'Heilly. Pauvre Diable. Soirées du Lido. Trois Rohan.

Mme ROGER DE BEAUVOIR
Confid. de Mlle Mars. Sous le Masque.

HENRI BÉCHADE
La Chasse en Algérie.

Mme BEECHER STOWE
La Case de l'oncle Tom. Souvenirs heureux.

GEORGES BELL
Scènes de la vie de Château.

A. DE BERNARD
Le Portrait de la Marquise.

CHARLES DE BERNARD
Ailes d'Icare. Un beau-Père. L'Ecueil. Gentilh. Campagnard. Gerfaut. Homme sérieux. Nœud gordien. Le Paratonnerre. Le Paravent. La Peau du Lion et la Chasse aux Amants.

ÉLIE BERTHET
La Bastide rouge. Les Chauffeurs. Dernier Irlandais. Roche tremblante.

CAROLINE BERTON
Le Bonheur impossible. Rosette.

CH. DE BOIGNE
Les Petits Mémoires de l'Opéra.

LOUIS BOUILHET
Melænis, conte romain.

RAOUL BRAVARD
L'Honneur des Femmes. Petite Ville. Revanche de Georges Dandin.

A. DE BRÉHAT
Bras d'acier. Scènes de la Vie contemporaine.

MAX BUCHON
En Province.

E.-L. BULWER (*Trad. A. Pichot*)
Famille Caxton. Le Jour et la Nuit.

ÉM. CARLEN (*Trad. Souvestre*)
Deux jeunes Femmes.

ÉMILE CARREY
L'Amazone. 8 Jours sous l'Equateur. Métis de la Savane. Révoltés du Para. Hist. et Mœurs kabyles. Scènes de la vie en Algérie.

HIPPOLYTE CASTILLE
Histoires de ménage.

CHAMPFLEURY
Amoureux de Sainte-Périne. Avent. de Mlle Mariette. Bourgeois de Molinchart. Chien-Caillou. Excentriques. M. de Boisdhyver. Premiers beaux Jours. Le Réalisme. Sensations de Josquin. Souffrances du professeur Delteil. Souv. des Funambules. Succession Le Camus. L'usurier Blaizot.

PHILARÈTE CHASLES
Le Vieux Médecin.

GUSTAVE CLAUDIN
Point et Virgule.

Mme LOUISE COLET
Quarante-cinq Lettres de Béranger.

HENRI CONSCIENCE
L'Année des Merveilles. Aurélien. Batavia. Conscrit. Coureur des Grèves. Démon de l'Argent. Démon du Jeu. Fléau du Village. Gentilh. pauvre. Guerre des Paysans. Heures du soir. Jeune Docteur. Lion de Flandre. Mal du Siècle. Mère Job. L'Orpheline. Scènes de la Vie flamande. Souv. de jeunesse. Tombe de fer. Tribun de Gand. Veillées flamandes.

H. CORNE
Souvenirs d'un Proscrit polonais.

P. CORNEILLE
Œuvres, précéd. d'une Notice par M. Sainte-Beuve.

LA COMTESSE DASH
Amour coupable. Amours de la belle Aurore. Bals masqués. Belle Parisienne. Chaîne d'or. Chambre bleue. Chât. de la Roche sanglante. Chât. en Afrique. Dame du Chât. muré. Degrés de l'Echelle. Dernière expiation. Duch. de Lauzun. Duch. d'Eponnes. Fruit défendu. Galanteries de la cour de Louis XV. — Régence. — Jeunesse de Louis XV. — Maîtresses du Roi. — Parc aux Cerfs. Jeu de la Reine. Jolie Bohémienne. Mad. Louise de France. Mad. de la Sablière. Madem. de la Tour du Pin. La Main gauche et la Main droite. Marq. de Parabère. Marq. sanglante. Neuf de Pique. La Poudre et la Neige. Procès criminel. Rivale de la Pompadour. Salon du Diable. Secrets d'un Sorcière. Sorcière du Roi. Suites d'une Faute. Trois Amours.

LE GÉNÉRAL DAUMAS
Le Grand Désert.

E.-J. DELÉCLUZE
Dona Olympia. Madem. Justine de Liron. Première Communion.

ÉDOUARD DELESSERT
Voyage aux Villes maudites.

ALEXANDRE DUMAS
Acté. Amaury. Ange Pitou. Ascanio. Avent. de John Davys. Baleiniers. Bâtard de Mauléon. Black. Bouillie de la comt. Berthe. Boule de neige. Bric-à-Brac. Cadet de famille. Capit. Pamphile. Capit. Paul. Capit. Richard. Catherine Blum. Causeries. Cécile. Charles-le-Téméraire. Chasseur de Sauvagine. Chât. d'Eppstein. Chev. d'Harmental. Chev. de Maison-Rouge. Collier de la Reine. Colombe. Maître Adam le Calabrais. Comte de Monte-Cristo. Comt. de Charny. Comt. de Salisbury. Compagn. de Jéhu. Confess. de la Marquise. Conscience l'Innocent. Dame de Monsoreau. Dame de Volupté. Deux Diane. Deux Reines. Dieu dispose. Drames de la mer. Femme au Collier de velours. Fernande. Fille du Régent. Fils du Forçat. Frères Corses. Gabriel Lambert. Gaule et France. Georges. Gil Blas en Californie. Guerre des Femmes. Hist. d'un Casse-noisette. L'Horoscope. Impressions de voyage : En Suisse. — Une Année à Florence. — L'Arabie heureuse. — Bords du Rhin. — Capit. Aréna. — Corricolo. — Le Caucase. — Midi de la France. — De Paris à Cadix. — 15 jours au Sinaï. — En Russie. — Speronare. — Véloce. — Villa Palmieri. — Ingénue. Isabel de Bavière. Italiens et Flamands. Ivanhoe (Trad.). Jane. Jehanne la Pucelle. Louves de Machecoul. Mad. de Chamblay. Maison de glace. Maître d'Armes. Mariages du père Olifus. Médicis. Mes Mémoires. Mém. de Garibaldi. Mém. d'une Aveugle. Mém. d'un Médecin (Balsamo). Meneur de Loups. 1001 fantômes. Mohicans de Paris. Les Morts vont vite. Napoléon. Nuit à Florence. Olympe de Clèves. Page du duc de Savoie. Pasteur d'Ashbourn. Pauline et Pascal Bruno. Pays inconnu. Père Gigogne. Père la Ruine. Princ. de Monaco. Princ. Flora. Quarante-Cinq. Reine Margot. Route de Varennes. Salteador. Salvator. Souv. d'Antony. Stuarts. Sultanetta. Sylvandire. Testament de M. Chauvelin. 3 Maîtres. 3 Mousquetaires. Trou de l'Enfer. Tulipe Noire. Vic. de Bragelonne. Vie au Désert. Vie d'artiste. 20 ans après.

Le Catalogue complet de la maison Michel Lévy frères sera envoyé (*franco*) à toute personne qui en fera la demande par lettre affranchie.

Imprimerie L. Toinon et Cie, à Saint-Germain

www.ingramcontent.com/pod-product-compliance
Lightning Source LLC
Chambersburg PA
CBHW060650170426
43199CB00012B/1738